87년 체제의 종언과 제7공화국

나남
nanam

성낙인

서울대 법대 명예교수이다. 서울대 법대 학장과 서울대 제26대 총장을 역임했다. 서울대 법대를 졸업하고 동 대학원을 수료한 후 프랑스 파리2대학에서 법학 박사학위를 받았다. 대통령자문교육개혁위원회 위원, 국회공직자윤리위원회 위원장, 통일부 정책자문위원회 위원장, 대법원 대법관후보추천위원 및 법관인사위원회 위원, 한국공법학회 회장, 한국법교육학회 회장, 한국법학교수회 회장, 헌법재판소 자문위원, 동아시아연구중심대학협의회 회장 등을 역임했다. 현재 김수환 전 추기경이 초대 이사장을 역임한 비영리공익법인 '자녀안심 국민재단' 제5대 이사장이다. 법학도의 필독서인 《헌법학》(제25판, 2025)과 비법과생을 위한 《헌법개론》(제14판, 2024)을 비롯해 《헌법소송론》(제2판, 공저, 2021), 《언론정보법》(1998), 《프랑스헌법학》(1995), 《프랑스 제5공화국 헌법상 각료제도》(프랑스어판, 1988) 등 저서 30여 권과 논문 200여 편을 썼다.

나남신서 2205

87년 체제의 종언과 제7공화국

2025년 7월 1일 초판 발행
2025년 7월 1일 초판 1쇄

지은이 성낙인
발행자 趙相浩
발행처 ㈜나남
주소   10881 경기도 파주시 회동길 193
대표전화 (031) 955-4601
FAX   (031) 955-4555
등록   제 1-71호(1979.5.12)
홈페이지 http://www.nanam.net
전자우편 post@nanam.net

ISBN   978-89-300-4205-5
       978-89-300-8655-4 (세트)

책값은 뒤표지에 있습니다.

나남신서 2205

87년 체제의 종언과 제7공화국

성낙인 지음

나남

The End of '87 Regime and the 7th Republic

by

Nak-in Sung

nanam

서문

1987년 출범한 제6공화국 헌법체제는 그간 나라의 민주화를 위한 국민의 장전章典으로 자리 잡아 왔다. 하지만, 민주화 이후의 민주주의는 여전히 혼돈을 거듭한다. 대의민주주의에 한계를 느낀 시민들은 '광장민주주의'로 새로운 역사의 길을 터 나간다. 대의민주주의를 대체하는 직접민주주의는 이제 투표를 통한 민주주의가 아니라 광장의 호응을 얻는 광장민주주의로 나아간다.

 그 과정에서 헌법의 소중함을 다시 일깨운다. 광장의 구호는 간단명료하다. "대한민국은 민주공화국이다."(헌법, 제1조 제1항) "대한민국의 주권은 국민에게 있고, 모든 권력은 국민으로부터 나온다."(헌법, 제1조 제2항) 주권재민의 국민주권주의는 대한민국 헌법의 법적·이념적 기초이다. 그 국민주권주의로부터 정치적 기본원리로서 자유민주주의, 사회경제적 기본원리로서 사회복지국가 원리, 국제적 기본원리로서 국제평화주의가 도출된다.

하지만, 저자가 87년 체제 이후 《헌법학》(제25판, 법문사, 2025)에서 제시한 6개 모델 중에서 가설로 남아 있던 마지막 퍼즐이 2024년 4월 10일 실시된 국회의원 총선거에서 현실로 나타났다. 즉, 대통령 재임 중 실시된 국회의원 총선거에서 단일 야당이 압도적 다수로 의회를 장악한 첫 사례가 출현한 것이다. 이로써 대통령과 국회라는 두 개의 국민적 정당성이 충돌하는 상황이 현실화되었다. 제도의 정상적 작동을 위해서는 대통령과 국회 다수파의 대화와 타협이 필수적이다. 하지만, 대통령과 국회 다수파의 수장 사이에 대화는커녕 날선 비판과 비난만 이어졌다.

결국 2024년 12월 3일 대통령의 비상계엄 발동으로 87년 체제는 파탄을 맞이하게 된다. 대통령의 비상계엄 발동은 그 어떠한 변소辨疎로도 정당화되기 어렵다. 헌법이 명시한 적법절차를 위배하였을 뿐만 아니라 비상계엄 발동의 실체적 요건인 헌법 제77조의 "전시·사변 또는 이에 준하는 국가비상사태"는 전혀 존재하지 않았기 때문이다. 마침내 헌법재판소는 재판관 8명 전원일치로 "대통령 윤석열을 파면한다"라고 선고하여 탄핵 사건은 대통령이 물러나는 것으로 끝났다.

87년 체제에서 세 번의 대통령 탄핵심판이 이어졌다. 2003년 노무현 대통령은 탄핵 기각으로 직무에 복귀했다. 하지만, 박근혜 대통령은 탄핵 인용으로 파면되었다. 짧은 기간 동안에 세 번의 대통령 탄핵심판은 결코 바람직한 현상이 아니다. 이는 OECD 국가는 고사하고 라틴아메리카에서도 찾아볼 수 없는, 매우 이례적인 현상이다. 세계 10대 경제대국에서 아무도 상상할 수 없는 탄핵과 계엄이 자행된 것이다.

여소야대 정국의 극한적 대립과 불안정은 헌법제도의 정상적인 기능을 무력화시킨다. 몽테스키외가《법의 정신》에서 설파한 3권분립 정신은 몇 세기가 지난 지금도 유효하다. 국회의 입법권, 정부의 집행권, 법원의 법선언권은 3권분립의 본체이다. 그런데 국회는 입법권보다 정부 통제권에 매몰된다. 탄핵소추권, 국무총리·국무위원 해임건의권, 국정감사권 및 국정조사권 등을 전가의 보도처럼 휘두른다. 2022년 윤석열 대통령 취임 이후 31번의 탄핵소추안이 국회에서 발의되었다. 사상 처음으로 국무총리 해임건의안이 통과되었다. 한편, 정부도 매한가지다. 본연의 권한인 집행권보다 법률안거부권, 시행령으로 통치하려 했다. 윤석열 정부 출범 이후 42건의 법률안거부권 행사가 이를 단적으로 보여 준다.

이제 파탄에 이른 6공화국 헌정체제의 종언을 고하고 국가 백년대계를 위해 새 옷으로 갈아입어야 한다. 권력 작동에서 정치권에 의한 '나눔의 미학'이 구현되기 어렵다면, 이제 제도적으로 나눔을 실천하도록 해야 한다. 그리하여 '제왕적 대통령제'도 종식시키고 '독선적 대통령제'도 종식시켜 '권력분산적 대통령제', 즉 이원정부제(대통령제와 의원내각제를 결합한 반대통령제)로 나아가야 한다. 대통령과 국회 다수파가 공존하며 협치하는 체제만이 파탄을 막을 수 있다.

저자는 그간 서울대학교 총장이라는 막중한 책임을 맡으면서 개인적 견해의 피력을 삼갔다. 총장 취임 이전에 격주로 게재된 〈동아일보〉의 '성낙인의 법과 사회'를 비롯해 〈매일경제신문〉 객원논설위원으로서 칼럼과 사설을 집필했다. 그 외에도 〈경향신문〉, 〈국민일보〉, 〈문화일보〉, 〈서울신문〉, 〈세계일보〉, 〈조선일보〉, 〈중앙일보〉, 〈한겨레〉 등 일간지를 비롯해 각종 언론매체에서 정기적 혹은 부정기적 칼럼과 인터뷰를 게재한 바 있다. 그간 칼럼과 인터뷰를 모아서 《우리 헌법 읽기》(법률저널, 2008)와 《국민을 위한 사법개혁과 법학교육》(법률저널, 2014)을 펴냈다. 헌법의 대중화를 위해서 《헌법과 생활법치》(세창출판사, 2017), 《만화 판례헌법 1: 헌법과 정치제도》, 《만화 판례헌법 2: 헌법과 기본권》(법률저널, 2013)도 출간했다.

지난 10년간 개인적 견해 표명을 자제해 오던 차에 2024년 〈한국일보〉에 제헌절 특별 칼럼 게재를 계기로 '한국의 창' 란에 고정 칼럼을 연재하고 있다. 〈아주경제〉에는 '성낙인의 헌법정치'라는 신문 전면에 걸친 기명 칼럼도 게재하고 있다. 여기에 더하여 〈국민일보〉, 〈서울경제〉, 〈영남일보〉, 〈중앙일보〉, 〈조선일보〉, 〈아시아투데이〉, 〈신동아〉, 〈한국대학신문〉, 〈헌정〉(대한민국헌정회), 〈폴리뉴스〉 등에 칼럼과 인터뷰를 연재한다. 이는 원칙적으로 지난 1년간 발표하고 게재한 자료에 기초한다.

나아가 저자가 그간 헌법개정과 관련하여 서울대 국가정책포럼, 대한민국헌정회, 한림대 도헌학술 심포지엄, TV조선 국제학술대회 등에서 여러 차례 발표한 내용을 최종적으로 게재된 내용을 결론 삼아 다시 한번 수록함으로써 바람직한 개헌 논의를 위한 저자의 소론을 소개한다. 다만, 지난 1년 동안 격동의 대한민국 헌정사의 한복판에 서서 그때그때마다 남긴 역사의 기록이라는 의미에서 기존에 발표한 내용의 수정은 최소한에 그쳤다.

부족한 저자의 책을 흔쾌히 출간해 주신 관계자분들께 감사드린다. 특히 저자의 소론과 관련하여 격려와 비판을 아끼지 않으신 강호제현江湖諸賢들에게도 감사드린다. 저자의 견해는 특정 정파나 이데올로기와 관계없이 오롯이 지난 반세기에 걸친 저자의 헌법학 이론인 '법적 실존주의'와 '균형이론'에 터 잡고 있음을 다시 한번 더 분명히 밝힌다. 2025년에 저자는 '자녀안심 국민재단' 이사장으로 취임했다. '자녀안심하고 학교보내기 운동'과 더불어 '한국법교육센터'를 운영하는 이 재단의 초대 이사장은 김수환 전 추기경님이었다. 독자 여러분들의 많은 관심과 사랑을 기원한다. 무엇보다 그간 몇 차례에 걸쳐서 흔쾌히 부족한 저서를 출간해 주신 나남 조상호 회장님께 감사드린다. 조 회장님의 배려로 이제는 고전이 된 《언론정보법》(1998)과 《공직선거법과 선거방송심의》(2007)를 출간한 바 있다.

2025년 6월 초하
자녀안심 국민재단에서
성낙인

차례

서문   5

1장 87년 체제의 위기: 계엄 전야

소용돌이치는 87년 헌법체제	17
민심은 천심	21
헌법재판소를 마비시킨 정치권	27
흔들리는 사법부, 심판자는 누구인가	31
한국 사회 통합의 길	35
자유와 평등은 함께 간다	41

2장 파국과 혼돈의 시간: 계엄과 탄핵

12·3 계엄, 법치주의를 허물다	51
위기 속에서 헌법과 법치는 작동했는가	59
구속수사 관행, 이제는 바꿔야 한다	67
무소불위 선관위를 다시 설계하자	71
민주주의의 비극, 탄핵의 역사	75
국론 분열을 넘어서	84
개헌과 정치개혁의 시대로	87
자유민주주의 새 이름 쓰자	93
헌정 위기, 선택의 기로에서	102
이제는 승복의 지혜가 필요하다	112

3장 제7공화국으로 가는 길

미래 한국의 새로운 헌정 모색	119
권력구조 개혁을 위한 과제	123
여야정 대타협과 희망의 정치	132
국민 힘으로 새로운 시대를 열자	136
헌법체제 공백의 개선 방안	143
국회와 정부가 함께 가는 이원정부제	146
협치 이끄는 '동거정부'가 답이다	153
양극화 해법, 권역별 비례대표제와 상원	161

4장 대한민국호의 미래

'성평등 올림픽'에 담긴 시대정신	173
대한민국의 두 국부, 김구와 이승만	177
기업에 자유를 허許하라	180
보수保守를 보수補修하라	188
국민을 진정으로 섬기는 모두의 대통령	192
새로운 대한민국의 구상	201
통합과 실용의 길을 향해	209

5장 헌법현실에 기초한 헌법개정의 방향

헌법현실을 직시한 헌법개정 논의	219
처음 맞이한 헌법의 안정 속에 새로운 헌법의 모색	221
대통령 중심의 정부형태를 유지하는 권력구조의 온건한 개헌	226
여소야대에 따른 극단적 양극화: 윤석열 정부와 제21대·제22대 국회	235
양극화 극복과 책임정치를 위한 제7공화국 헌법의 모습	241
제7공화국: 대통령과 국회가 함께 책임지는 헌법체제	251

1장

87년 체제의 위기

계엄 전야

소용돌이치는 87년 헌법체제

우리나라 헌정사를 돌아보며

제헌절을 맞아 헌법 제정의 의미와 역사를 되새겨 본다. 헌법 전문은 "3·1운동으로 건립된 대한민국 임시정부의 법통"을 계승함으로써 대한민국의 정통성을 뒷받침한다. 제헌절 노랫말과 같이 헌법은 "대한민국 억만 년의 터"다.

하지만 그간 헌법은 "발췌개헌, 4사5입개헌, 4·19, 5·16, 3선 개헌, 유신, 5·18"로 이어지는 정변의 제물이 되었다. 이제 제헌절은 공휴일에서 제외될 만큼 '잊힌 날'이다. 1952년 제1차 개헌이 이승만의 재집권을 위한 직선제 개헌이라면, 1987년 개헌은 직선 쟁취라는 국민적 열망의 반영이었다. 헌정사는 제도 그 자체보다 그 제도의 동시대 정합성과 정상적 작동이 중요하다는 교훈을 보여 준다.

1948년 제헌 이후 39년간 9개 헌법, 6개 공화국이 명멸해감으로써 공화국이라는 '상품전시장foire'이 되었다. 87년 헌법은 38년간 존속함으로써 헌법의 안정과 더불어 네 번의 평화적 정권교체로 외형적 민주주의가 성숙되는 기틀을 마련했다. 하지만 민주화 이후 민주주의의 내실을 다지는 일은 아직도 요원하다.

　1989년 베를린장벽이 무너지면서 동독이 자유민주주의 체제로 흡수 통일되었다. 구소련의 몰락과 더불어 인민민주주의는 사실상 종언을 고했다. 적어도 현시점에서 역사는 인민민주주의에 대한 자유민주주의의 승리를 담보한다. 그런데 러시아와 중국에서 권위주의 체제의 재등장은 자유민주주의에 대한 새로운 위협으로 작동한다. 다른 한편 자유민주주의의 모국인 미국·영국·프랑스에서 정치적 소용돌이vortex 속에 지도자의 위기는 연대와 관용tolerance을 동반하지 않는 자유란 허구일 뿐임을 단적으로 보여 준다.

　대통령 '권력의 인격화personnalisation du pouvoir' 행태가 사라진 자리에 대통령 권력과 의회권력의 충돌만 난무한다. 자유주의와 민주주의의 결합체인 자유민주주의는 사회의 다양성과 다원성이 존중되는 다원적 민주주의pluralist democracy로 구현되어야 한다.

　저자는 87년 헌법체제에서 대통령과 의회 다수파의 관계를 여섯 가지로 설정한 바 있다.[1] 그중 대통령 재임 중 단일 야당이 총선에서 승리한 경우는 가설로 남겨 두었다. 그런데 2024년 총선에서 압도적으로 승리한 더불어민주당은 의회권력으로 대통령권력을 제압하려 했다. 탄핵과 특검으로 정부를 무력화하려 했다. 대통령은 거부권으로 맞대응했지만 힘이 부치는 형국이다. 서로 상대방을 악마화하고 있다. 코로나19 사태 이후 산적한 민생대책은 뒷전이다.

이제 프랑스식 동거정부 gouvernement de la cohabitation가 현실적으로 어렵다면 미국식 분점정부 divided government에 적응하는 헌정 운용을 할 수밖에 없다.

1류 국민, 4류 정치를 넘어

더 이상 국민이 정치를 걱정해서는 안 된다. 세계 최빈국에서 세계 10대 경제대국을 일군 위대한 대한국민은 언제나 살아 있는 심판자이다. 1류 국민은 4류 정치를 혐오한다.

정치제도야말로 '나눔의 미학'이 작동해야 할 현장이다. 대통령은 외교·국방·통일과 같은 국가의 안전과 존립에 직결된 국익의 구현자여야 한다. 국내 정치와 민생은 내각과 의회가 중심축

---

1 성낙인(2024), 《헌법학》(제24판), 법문사, 396쪽.

이 되어야 한다.

  헌법의 안정을 구가하는 시점에 권력의 민주화·지방화로부터 이어지는 세계화, 인공지능 시대의 기본권도 포섭하는 등 시대정신을 반영한 헌법을 그려 나가야 한다. 이제 헌법이 국가가 당면한 현실을 능동적으로 반영할 수 있도록 헌법개정 절차의 연성화, 즉 현재보다 간편한 개헌 절차가 필요하다. 지금과 같은 필수적 국민투표는 폐지하고 국회에서 개헌이 가능하도록 해야 한다. 독일과 프랑스는 의회에서 개헌을 할 수 있다. 이에 따라 독일은 1990년 통일 후 31차례에 걸친 개헌으로 국민 통합을 이루었다. 프랑스는 대통령 임기, 동거정부 등 정치적 현안이 제기될 때마다 의회에서 개헌으로 이를 현실화했다.

  개헌을 통해 적시에 국민적 요구를 수용함으로써 헌법이 살아 있는 규범으로 작동할 수 있어야 한다. 우리나라도 우선 현행 대통령 5년 단임제를 4년 중임제로 바꾸어 국회의원의 임기와 일치시키는 논의가 필요한 시점이다.

- 〈한국일보〉, 2024. 7. 17.

민심은 천심

대통령제의 숙명, 여소야대

1987년 헌법은 대통령직선제와 더불어 장기집권에 따른 폐해를 시정하기 위해 외국 헌법에서 그 예를 찾기 어려운 대통령 5년 단임제를 도입하고 있다. 그런데 대통령 임기(5년)와 국회의원 임기(4년)의 차이로 인해 선거 주기가 일치하지 않아, 여소야대 구도가 구조적으로 발생할 수밖에 없다 그렇지 않고서는 영원히 정권교체 없는 가짜 민주주의에 불과하다. 대통령제의 모국인 미국에서도 대통령 임기 4년에 하원의원 임기 2년, 상원의원 임기 6년이므로 여소야대는 대통령제의 숙명이다. 미국은 여소야대를 슬기롭게 극복하면서 전 세계 자유민주주의 국가의 이상적인 모델인 '미국식 대통령제'를 정착시켰다.

하지만 제3세계 국가에서 미국식 대통령제의 이식은 '죽음의 키스kiss of death'를 의미한다. 권력을 장악한 대통령들이 정권 유지를 위해 쿠데타와 정변 등 온갖 수단을 동원하며 여대야소 구도를 인위적으로 만들어 내면서, 대통령제는 본래의 균형을 상실한 채 왜곡되어 왔다.

외국학자 "한국은 제왕적 대통령제"

이에 뢰벤슈타인Karl Loewenstein 교수는 동아시아의 필리핀, 인도네시아, 한국을 비롯하여 라틴아메리카 각국의 대통령제를 '신대통령제'라고 명명했다. 그러면서 자유민주주의에 입각한 대통령제라기보다는 오히려 권위주의 체제의 또 다른 국가 형태에 불과하다고 비판했다.

다른 한편으로 슐레진저Arthur M. Schlesinger Jr. 교수는 대통령이 마치 군주주권 시대의 황제처럼 행세한다고 하여 이를 '제왕적 대통령제imperial presidency'로 명명한 바 있다.

헌법규범과 달리 헌법현실에서 대통령과 의회 다수파의 관계는 유동적이다. 저자는 87년 체제에서 대통령과 의회의 관계를 헌법공학constitutional engineering적 분석을 통해 여섯 가지 유형으로 분류했다.[2]

첫째로 단일 정당으로 형성된 국회 다수파의 지지를 받는 대통

---

2 앞의 책, 396쪽.

령 우월적 대통령주의제, 둘째로 단일 정당으로 형성된 국회 다수파의 지지를 받지만 집권당 내부에서 끊임없는 견제를 받는 대통령제, 셋째로 이질적 양당으로 형성된 국회 다수파의 지지를 받지만 연립정부에 준하는 공동정부의 대통령 우월적 이원정부제, 넷째로 대통령 재임 중 야당이 국회 다수파이지만 복수의 이질적 야당, 다섯째로 대통령 집권하기 전부터 단일 야당이 국회 다수파, 여섯째로 대통령 재임 중 단일 야당이 승리하여 대통령과 국회 다수파가 불일치하는 경우다.

한국 헌정사에서 잘 드러나듯이, 여대야소 정국에서 대통령은 제왕적이다. 1988년에 실시된 제6공화국의 첫 총선에서 출현한 여소야대는 노태우 대통령의 집권 민주정의당과 야당인 김영삼 총재가 이끄는 통일민주당, 김종필 총재의 자유민주연합이 3당 합당에 따라 인위적인 여대야소로 귀착되었다. 다른 한편으로는 여소야대에서 취임한 김대중 대통령은 자유민주연합 김종필 총재와의 DJP 연합으로 여소야대를 극복했다. 박근혜 대통령은 취임 당시에는 여대야소였기 때문에 편안하게 국정 운영을 할 수 있었다. 하지만 대통령 재임 중에 실시된 총선에서 패배함에 따라 결과적으로 의회권력을 장악한 야당의 정치적 제물이 되었다.

여섯째, 즉 대통령 재임 중 실시된 총선에서 단일 야당이 의회 과반을 확보한 경우는 지금까지 가설로 남아 있었다. 그런데 2024년 4월 10일 실시된 총선에서 더불어민주당이 175석으로 압도적 과반을 확보함으로써 현실화되었다. 다른 야당까지 합하면 192석이 야당이다. 국민의힘은 겨우 108석을 차지함으로써 개헌과 대통령 탄핵소추 저지선 확보에 그치는 집권당 역사상 최대의 참패를 당했다. 야당은 제21대 국회에 이어 제22대 국회에서도 여론의 지지가 높은 채상병 특검과 김건희 여사 특검을 재차 강행하려 했다.

다른 한편으로 정부가 제안할 당시에는 비교적 높은 국민의 호응을 얻은 '의대 정원 확대안'은 결과적으로 정부·여당에는 재앙적 정책이 되어 버렸다. 국민의 지지를 받는 정책임에도 불구하고 이를 제대로 구현하지 못함으로써 국민들이 정부·여당을 외면한 무능력·무책임의 단적인 예이다. 그 어떤 상황에 처하더라도 학문의 전당인 대학은 정상적으로 운영되어야 한다. 6·25 전쟁 중 부산 피란 시절에도 대학은 천막을 쳐 가며 정상적으로 운영되었다. 그런데 사상 처음으로 내년에는 의대생 절대다수가 유급되는 사태가 발생할 우려가 있다. 의료수급 체계에 혼란이 초래되면 국민건강에도 치명적일 수 있다.

1968년 유럽을 비롯하여 전 세계를 뒤흔든 학원 소요가 일어났다. 일본에서는 적군파들이 도쿄대학을 점령함으로써 대학은 마비되고 말았다. 이에 따라 도쿄대학 학생들이 전원 유급하면서 1년간 신입생 모집이 중단되었다. 이는 현대사에서 신입생 모집을 거른 거의 유일한 사례이다.

대통령 탄핵은 한국 헌정사 오점

의회권력을 장악한 야당은 대통령이 임기를 채워서는 안 된다고 벼른다. 임기가 보장된 대통령이 탄핵소추 의결로 인해 직무집행이 정지되고, 그에 따라 탄핵이 인용됨으로써 대통령제 국가에서 헌정이 중단된 후유증은 한국 헌정사에 오점으로 남는다.

불행 중 다행으로 2004년 노무현 대통령은 국회의 탄핵소추 의결로 직무집행이 정지되었지만 헌법재판소의 탄핵심판 기각 결정으로 직무를 재개할 수 있었다. 그러나 탄핵심판 기간 동안 대한민국 헌정은 사실상 멈추어 있었다. 그만큼 대통령에 대한 탄핵은 헌정을 혼돈의 장으로 내몰리게 한다.

개헌으로 대통령 임기를 단축해서 지방선거에 맞춰 대통령 선거를 실시하자는 주장도 정치적 안정 효과를 거두기 어렵다. 대통령과 지방선거를 동시에 실시한다면 국회 다수파는 여전히 건재하게 된다. 이 경우 만약 국민의힘 후보가 대통령 선거에서 당선된다면 지금과 달라질 것이 아무것도 없다. 물론 더불어민주당 후보가 당선된다면 다시금 여대야소를 회복할 수 있지만 말이다.

1958년 '위대한 프랑스'를 기치로 내건 이른바 드골헌법은 강력한 집행부를 구상했다. 세 차례에 걸쳐 동거정부를 체험한 프랑스에서는 2000년 개헌에서 대통령 임기를 7년에서 5년으로 단축해 하원의원 임기와 맞춤으로써 정치적 안정을 도모했다. 하지만

2024년 6월 마크롱 대통령의 의회해산권 발동으로 선거 주기의 일치는 무너졌다. 동시에 대통령과 의회 다수파의 일치도 붕괴됐다.

하늘의 뜻은 언제나 유동적

대통령은 5년간 한시적 세입자에 불과하다. 차기 대선은 단임인 현 대통령과는 직접적 이해관계가 없다. 벌써 네 번째 정권교체를 체험한 현 체제에서 대통령이 굳이 정권 재창출 여부에 연연할 필요가 없다. 차기 대선을 둘러싼 정치적 경쟁은 이제 정치인들의 자유로운 경합에 맡겨야 한다. 대통령이 마음을 비울 때 비로소 국정의 올바른 방향이 보일 수 있다. 야당도 탄핵과 특검을 전가의 보도처럼 휘두르는 정치투쟁만으로 민심을 얻기 어렵다. 헌재 소장 및 재판관 궐위, 방송통신위원장의 탄핵소추에 이어 검찰총장까지 탄핵소추되면 헌법기관의 정상적 기능이 심각하게 흔들릴 수 있다.

정권교체와 국회의원 총선거를 통해 드러난 민심은, 그 어떤 작위적인 정치 공세를 넘어서 있다. 민심은 천심이다. 하늘의 뜻은 고정된 것이 아니라 언제나 유동적이다. 그 민심을 제대로 읽는 자에게만 최후의 만찬이 허락될 것이다.

- 〈아주경제〉, 2024. 10. 25.

헌법재판소를 마비시킨 정치권

87년 헌법 최고의 성공작, 헌재

1987년 제6공화국 헌법의 최고 성공작은 헌법재판소다. 헌재는 창립 당시의 기우를 뛰어넘어 나라의 민주화라는 시대적 요구에 부응하고 있다. 한국의 헌법재판소는 민주화 과정에 있는 제3세계 국가에서 이상적 모델로 호응을 얻고 있다. 그간 헌재는 노무현 대통령 탄핵 기각, 박근혜 대통령 탄핵 인용, 수도 서울 관습헌법, 통진당 위헌정당 해산 등 국민들의 가슴속에 길이 남을 기념비적 판례를 남겼다.

그런데 정치권의 직무유기로 헌재가 마비상태에 빠졌다. 헌법에서 "재판관의 임기는 6년"을 규정할 뿐, 헌재 소장에 대한 임기 규정이 없다 보니 혼돈 상황이 계속된다. 헌재 출범 후 4명의 소장은 6년 임기를 채웠다. 그런데 2013년 이후 현직 재판관이 소장으로 취임하면서 재판관 잔여 임기만 재임한다. 2명의 소장은 임기 1년도 채 못 남기고 임명되었다. 지난 11년간 소장 4명의 평균 재임기간이 2년 8개월에 불과하다. 게다가 소장 퇴임 후 6명이 권한대행을 수행했으니, 11년간 10명의 소장이 재임한 셈이다. 이래서는 최고사법기관의 안정적 운영이 불가능하다. 헌법기관장의 임기는 대법원장과 같이 헌법에 명시하는 것이 바람직하다. 헌법에 규정이 없다면 법률로 소장 임기 6년을 보장해야 한다. 현직 재판관이 소장으로 취임할 때에도 임기 6년을 새로 시작해야 한다.

재판관 구성도 전면적 재검토가 필요하다. 현행헌법에 따르면 재판관은 국회·대법원장·대통령이 각기 3인을 지명·추천해 임명한다. 헌재의 모델로 삼은 독일과 같이 의회에서 재판관을 선출하는 방안도 있다. 하지만 재판관 선출은 개헌사항이다. 국회 선출 몫의 재판관은 그간 여야 교섭단체 합의에 따라 지명해 왔다. 그런데 국회는 2024년 10월 17일 임기가 만료된 3인의 후임 재판관 선출을 논의조차 하지 않고 있다.

헌재의 정상화를 위해

국회의 직무유기로 헌법기관의 정상적인 작동이 멈춘 상태다. 헌재의 권한 중에서 권한쟁의를 제외한 위헌법률·탄핵·정당해산·헌법소원 심판에는 재판관 6인 이상의 찬성이 있어야 한다(헌법 제113조). 그나마 "재판부는 재판관 7명 이상의 출석으로 사건을 심리"(〈헌법재판소법〉 제23조 제1항)하는 규정에 대한 헌재의 가처분인용 결정으로 사실상 위헌 선언되어, 헌법재판 자체의 올 스톱은 겨우 면했다. 하지만 6인의 재판관이 정상적 심리와 결정을 하기는 어렵다. 6인 재판부로는 전원일치가 아니고는 결론을 내릴 수 없기 때문이다.

심지어 1년 2개월간 재판관 궐위 상태가 장기화된 경우도 있다. 그런데 그 대안으로 논의되는 예비재판관제도는 적절하지 않다. 재판관 임기가 만료되더라도 후임자가 취임할 때까지 현직 재판관이 계속 재임하도록 법률개정이 필요하다. 대법관도 마찬가지다. 엄청난 사건 적체로 고전하는 대법원도 대법관 임명이 여러 차례 늦춰져 재판부 구성이 지체된 바 있다. 최고위 사법관 임명의 지연으로 재판이 지연되면 국민의 재판청구권이 침해된다. 지체된 정의는 이미 정의가 아니다.

민주화 과정에서 헌재의 정치적 평화 기능은 때로 정치권 모두로부터 매도당하기도 했다. 정치적 갈등을 헌재로 이관시켜 정치의 사법화를 가속화시킨 것은 정치권이다. 그나마 헌재가 사법의 정치화를 최대한 자제해 왔다는 점은 높이 평가해야 한다. 헌재의 존재이유 raison d'être는 누가 뭐래도 국민의 자유와 권리 보장을 위한 최후의 보루라는 데 있다. 하루속히 국회는 헌재 구성과 관련된 미비점을 보완하여 헌재를 정상화해야 한다. 한국적 입헌주의의 새로운 이정표를 세워 온 헌재가 더 이상 정치의 제물이 되어서는 안 된다.

- 〈한국일보〉, 2024. 11. 6.

흔들리는 사법부, 심판자는 누구인가

정치와 사법, 끝없는 줄다리기

2020년 대선에서 패배한 트럼프 지지자들이 미국 민주주의의 상징인 의사당에 난입했다. 특검은 대선 결과 불복 및 백악관 기밀문서 유출 혐의로 트럼프를 기소했으나, 2024년 미 법무부는 트럼프 당선 후 기소 취소를 단행했다. 배심에서 전원일치로 유죄평결을 받은 성인물 여배우 입막음, 조지아주 선거외압 의혹에 대해 재판중지도 요청했다. 미국 헌법에는 한국 헌법과 달리 대통령의 형사상 특권 규정이 없지만, 관례상 대통령 재직 중 재판은 중단된다. 대선 승리로 사법 면책이 현실화된다. 정치가 사법을 압도한 사례다.

한국에서도 정치와 사법의 갈등이 촉발되었다. 1994년 취임 직후 김영삼 대통령이 김덕주 대법원장의 접견을 거부하자, 그는 결국 사직했다. 그는 1979년 당시 김영삼 신민당 총재에 대한 '직무집행 정지 가처분 신청' 인용 결정 당시 서울민사지방법원장이었다. 권위주의 시대에 사법이 정치화된 전형적인 사례다.

2017년 문재인 정부는 초임 지방법원장 김명수를 대법원장으로 발탁했다. 이후 이른바 사법부 적폐청산 과정에서 사상 최초로 직전 대법원장이 구속되었다. 뿐만 아니라 대법관들과 고위법관들이 기소되거나 탄핵소추되었다. 후일 양승태 전 대법원장을 비롯한 대부분의 법관들이 무죄판결을 받았다. 민주화 이후에도 정치화된 사법의 현주소를 보여 준다.

이재명 민주당 대표에 대한 다섯 개의 형사재판이 진행 중이다. 〈공직선거법〉 사건에서 1심은 실형을 선고했지만, 위증교사 사건에서 1심은 무죄를 선고했다. 보통 사람들의 예상을 뛰어넘는 양극단의 판결에 따라 희비가 교차한다. '기교사법'이라는 비판도 제기된다. 반면에 일각에서는 정치검찰의 수사·기소권 남용이라고 비난한다. 향후 사법부의 최종 판단에 따라 제1야당 대표이자 유력 대권후보의 정치적 명운이 좌우된다. 미래 권력의 향배가 사법에 의해 좌우되는 양상이다.

'정의의 저울추'를 바로 세워야

방송통신위원회의 2인 체제에 대해 서울행정법원은 위법으로, 서울남부지법은 합법으로 결정했다. 국가기관의 정상적 작동이 멈춰 섰다. 같은 사안에서 전혀 다른 판단은 사법 불신을 자초한다. 대법원은 급속 심리로 하루빨리 결론을 내려야 한다. 심지어 동일한 사안에서 두 개의 최고 사법기관인 헌재와 대법원 판례도 몇 차례나 상이하게 내려진 바 있다. 사법부의 자성과 더불어 지혜로운 작동이 요망된다. 그간 비슷한 사안에서 양형이 들쭉날쭉하여 유전무죄, 무전유죄라는 비난이 이어진다. 특히 정치적 사건에서는 유권무죄, 무권유죄 논란이 계속되면서 재판 불신이 증폭된다. 대법원에 설치된 양형위원회의 양형기준도 별다른 기능을 못 한다.

민주화 이후의 민주주의 안착을 위해 정치권과 사법부 모두 성찰할 때다. 정치권은 정치 문제를 사법의 장으로 내몰 것이 아니라 스스로 해결하려는 노력이 필요하다. 사법부도 정치권에 휘둘리지 않도록 스스로 독립을 지켜 나가야 한다. "법관은 헌법과 법률에 의하여 그 양심에 따라 독립하여 심판한다."(헌법 제103조) 법관의 법 해석은 주관적·자의적이어서는 안 되고 객관적·체계적이어야 한다. 법관은 자신의 개인적인 주관적 법 감정이 아니라 법관으로서의 '합리적 양심'에 따라 재판에 임해야 한다.

대통령이나 국회와 달리 국민적 정당성을 직접 부여받지 않은 사법부는 오롯이 정의로운 판결로 국민의 신뢰를 확보할 때다. 정치의 소용돌이 속에서 사법부는 "각자에게 그의 것을" 부여하는 정의를 바로잡기 위해 옷깃을 여미고 자세를 가다듬어야 한다. 정의의 저울추가 평형을 잃어서는 안 된다. 정치권과 언론도 각자의 이해에 따라 판결을 비난할 것이 아니라 사법부의 안정과 독립을 위해 자제하고 승복하자.

- 〈한국일보〉, 2024. 12. 4.

한국 사회 통합의 길

고향 같은 도시 대구의 변화

요즘 서울대가 이런저런 이유로 많이 거론되고 있다. 이를 바라보는 성낙인 전 서울대 총장의 마음은 뒤숭숭하다. 대한민국 미래 리더들을 키우는 데 반평생을 바쳐 온 성 전 총장은 영남대(1980~1999년)와 서울대(1999~2018년)에서 각각 20년 정도 근무했다. 그래서 서울만이 아니라 대구·경북지역 정서도 잘 알고 있다.

 성 전 총장은 "한국의 지정학적 위치로 인해 부침의 세월이 이어져 왔다. 국내 정치, 한일 경제 갈등 등으로 어수선하지만 늘 그래왔듯 모든 것이 잘 풀릴 것"이라며 낙관론을 폈다. 2018년 8월 총장직을 마치고 자연인으로 돌아와 1년간의 여유를 만끽한 성 전 총장은 "40년 동안 정신없이 일만 해 오다가 아주 오랜만에 가지는 휴식이다. 저술 활동, 특강 등도 쉬엄쉬엄하고 있다. 쉬어 보니 그동안 보이지 않던 것도 보인다"고 했다. 그의 말처럼 세상을 바라보는, 좀 더 폭넓어지고 깊어진 시선은 인터뷰 과정에서도 잘 드러났다.

서울대 총장이지만 대구와의 인연도 상당히 깊은 것으로 압니다.

경남 창녕에서 태어나 그곳에 살다가 초등학교 6학년 때 대구로 전학 왔습니다. 복명국민학교, 대구중학교를 나온 뒤 서울로 갔지요. 서울대 법대 졸업 후 프랑스 유학을 떠났다가 영남대에서 20년간 근무했으니 고향보다 대구에서 산 세월이 더 깁니다. 그래서 대구가 고향처럼 느껴집니다. 최근에도 특강 등이 있어서 1~2개월에 한 번씩은 내려옵니다. 이때 제자들도 만나곤 하는데 그게 낙이지요.

대구·경북이 과거와 많이 달라졌을 듯합니다. 가장 많이 변한 부분이 무엇인지요?

지역에서 그동안 대통령을 많이 배출했습니다. 그렇다 보니 시민들 중에서 대통령과 이런저런 인연으로 엮인 분들도 많습니다. 자부심이 대단했는데 최근에는 상대적 박탈감을 많이 가지는 것 같습니다. 전국적 명성의 구미단지, 포스코 등도 예전 같지 않다 보니 이런 감정을 더 가지는 듯합니다.

선한 인재가 선한 공동체를 만들어야

서울대 총장으로 4년간 재임하면서 많은 성과를 냈습니다.

총장 재임 기간 '선한 인재론'을 중심에 두고 사업을 추진했습니다. 살아가는 데 있어 지혜나 지식보다 더 중요한 것이 선이지요. 선한 인재를 발굴하고 이들이 선한 공동체를 만들도록 하는 것이 중요합니다. 공자, 맹자도 선과 덕으로 가르치라 했고 칸트도 선의지를 강조했습니다.

 이와 함께 어려운 경제 형편 때문에 서울대에 못 들어오는 학생은 없어야 한다는 생각으로 이와 관련한 사업들도 많이 추진했습니다. 2014년 취임한 뒤 그 이듬해부터 1,000원에 식사를 할 수 있게 한 것도 이런 취지에서입니다. 저소득층 학생들에게 생활비 30만 원을 지급하는 '선한 인재 장학금'도 같은 맥락이지요.

선한 인재론이 이 시대에 더욱 필요하다고 강조했습니다.

12대 만석꾼을 배출한 경주 최부자댁을 보십시오. 서양식 노블레스 오블리주를 실천한 대표적인 집안이지요. 예전에는 너무 못살아서 먹고살기 위해 부정부패를 했는데 이제는 호의호식을 위한 부패가 만연합니다. 부와 권력을 가진 자일수록 사회에 모범을 보여야 합니다. 이런 것이 바로 선한 공동체의 기반이 됩니다.

미국의 중재가 한일 갈등 해결의 열쇠

한일 갈등이 극한으로 치닫고 있습니다. 해결책이 있을까요?

예로부터 한일 관계는 미묘했습니다. 일본은 불가근불가원의 국가이지요. 역사적으로 볼 때 서로 도움을 주고받은 경우도 많습니다. 현재는 미국의 중재가 한일 갈등 해결의 열쇠입니다. 외교는 감정, 인격, 실리 등이 복합적으로 작용합니다. 한국은 미국과의 관계가 가장 중요합니다. 한미 관계를 중심으로 외교를 펼쳐야 합니다. 두 나라의 관계가 흐트러진 모습을 보이는 것은 결코 좋지 않습니다.

한국이 중요한 지정학적 위치에 있어 외풍이 더 거센 것 같습니다. 한국은 중국, 러시아, 일본 등 강대국들에 둘러싸인 데다가 이들의 수장이 거의 독재자처럼 군림하고 있습니다. 중국의 시진핑은 10년 임기를 끝내고 3선을 하겠다고 의지를 다졌고, 러시아 푸틴은 20년째 장기집권하고 있습니다. 일본도 3선에 이어 4선까지 노리고 있지요. 21세기형 독재자들인데, 그들과 함께 살아가야 하는 한국은 힘들 수밖에 없습니다. 한국과 그나마 가까운 미국의 대통령도 별종이라 할 수 있지요.

헌법 전문가입니다. 우리나라 현행 대통령제의 문제점과 개선 방향은 무엇인가요?

아시아에서 한국처럼 평화적 정권교체를 한 나라는 찾기 힘듭니다. 하지만 제왕적 대통령제로 운영되다 보니 대통령 임기를 마치고 대통령과 실세가 구속되는 등 여러 문제가 불거졌습니다. 이런 전철을 밟지 않기 위해서는 대통령과 총리가 역할을 분담해야 합니다. 대통령은 정치 일선에서 물러나 외교, 국방, 통일 등 국가의 큰 정치를 맡고, 총리가 여야 관계 등 현실 정치를 책임지는 보완책이 필요합니다.

한국이 보수와 진보의 진영 논리에 빠진 듯합니다.

보수는 나라의 곳간을 채워 부국강병을 중심에 두고, 진보는 가난한 이웃을 돕는 박애와 연대에 힘을 쏟습니다. 한 이념만으로는 통치가 안 됩니다. 보수와 진보의 조화가 필요합니다. 진영 논리가 아닌 사회 통합, 국민 통합이 절실합니다. 지도자도 열린 마음을 가져야 합니다. 권위는 지키되 소통하는 모습을 보이고 국민과 가까이하는 대통령이 되어야 합니다.

남북 관계가 다시 악화되고 있습니다.

한국은 섬입니다. 비행기를 타지 않으면 다른 곳에 못가죠. 또 7,000만 명 정도 되면 자급자족이 가능합니다. 통일이 되면 이런 문제가 해결됩니다. 비용부담이 있더라도 통일을 해야 하는 이유입니다. 남북 관계는 특수한 관계이고 북한 사람은 한국 사람입니다. 남북 대화에서도 북한을 이해하려 해야 합니다. 똑같은 잣대로 접근하면 해결이 되지 않습니다. 이해하고 달래는 것이 필요합니다. 그러면서도 저자세는 지양해야 합니다.

- 〈영남일보〉, 2019. 8. 31.

자유와 평등은 함께 간다

자유민주주의 논쟁에 대하여

윤석열 대통령은 자유민주주의를 자주 강조한다. 검찰총장 퇴임 때부터 정치에 뛰어들어 대통령이 된 후에도 일관적이다. 특히 윤 대통령은 동시대 민주화의 상징인 5·18 민주화운동에 대해 "광주의 오월 정신으로 회복한 자유민주주의라는 보편적 가치가 바로 헌법 정신"이라고 의미를 부여한다. 최근 임명한 차관들에게도 윤 대통령은 "내정도 외치도 자유민주의 헌법 정신을 갖고 추진해야 한다"고 주문했다.

하지만 자유민주주의는 헌법 전문과 4조에 명시된 '자유민주적 기본질서'에 대한 해석과 이명박 정부 때부터 반복된 중·고교 역사교과서 반영 여부 등을 둘러싸고 보수와 진보 세력 간 갈등이 첨예한 사안이다. 특히 진보 진영에서는 유신헌법 때 처음 들어온 자유민주주의의 시대적 배경과 연결해 윤 대통령의 정치적 퇴행을 우려한다.

이에 대해 헌법학자인 성낙인 서울대 명예교수는 〈한국일보〉 인터뷰에서 "자유주의만이 나라의 갈 길처럼 오해를 불러일으키면 안 된다"면서 "자유가 평등이나 사회연대란 가치와 함께 간다는 사실을 윤석열 정부는 정책으로 보여 줘야 한다"고 강조했다.

대선 민심의 중요성을 강조한 그는 제왕적 대통령제 우려에 대해 "제도화된 권력보다 통치자가 개인적 카리스마로 더 강한 권력을 누린 경우가 이어지면서 권력의 인격화라는 개념이 등장했다"며 "이를 극복하면서 안정적 통치를 할 수 있는 대통령이 필요한 시대"라고 말했다. 제헌절을 앞두고 성 명예교수로부터 현재의 정치 상황에 대한 헌법학자로서의 견해를 들어 보았다.

민주주의는 자유민주주의 또는 다원적 민주주의

윤석열 대통령이 자유민주주의를 강조하지만 이를 정치적 퇴행으로 보는 시각도 있다. 헌법상 자유민주주의 개념을 어떻게 해석하는가?

프랑스 헌법학자 및 정치학자 10여 명의 책을 분석했다. 공통적으로 국가형태를 자유민주주의와 권위주의 체제로 나누고 있다. 오늘날 일반화되어 있는 민주주의란 자유민주주의 또는 다원적 민주주의를 의미한다. 다만 우리나라에서는 1980년 5·18 민주화운동 등을 거치면서 사람을 살육하는 군부독재 정권을 지켜본

청년 지식인들이 공산주의 등 인민민주주의에 대한 동경을 품었던 것이 사실이다. 자유민주주의의 우월성은 모든 이데올로기를 체제 속으로 수용하는 데 있다. 하지만 우리나라는 분단이라는 특수성 때문에 인민민주주의를 배척한다.

윤석열 대통령이 자유민주주의에 대한 신념을 어떤 식으로 국정 운영에 반영해야 한다고 보는가?

자유는 평등과 함께 가지 못하면 의미가 없다. 어려운 이웃을 배려하는 가운데 자유가 불타올라야 한다. 그게 아닌 정부는 성공할 수 없다. 윤 대통령이 이 사실을 모르지 않을 것이다. 정부에서 말과 행동으로 직접 보여 주어야 국민들의 폭넓은 지지를 확보할 수 있을 것이다.

하지만 사회 연대의 한 축 노동조합과 윤석열 정부의 시작이 좋지 않다.

노동조합도 잘못된 것은 당연히 바꿔야 한다. 하지만 노조의 존재 이유 자체를 폄하해서는 안 된다. 공정의 가치에 어긋난다면 잘못은 교정해야 하지만 자유민주주의 국가에서 노조를 백안시할 수 없다. 유럽에서는 대통령이나 총리가 취임하면 노조위원장을 최우선적으로 만난다. 정치적인 셈법이 있기도 하겠지만, 노사가 상생할 수 있는 분위기를 정부에서도 만들어 주어야 진정한 사회연대가 가능해진다.

최근 선거서 국민적 정당성 획득 세력에 무게 둬야

제왕적 대통령제에 대한 우려가 갈수록 커진다.

1970년대에 나온 《권력의 인격화》라는 책 표지에 미국의 존 F. 케네디 대통령, 프랑스의 샤를 드골 대통령, 영국의 윈스턴 처칠 총리, 옛 소련의 흐루쇼프 서기장, 중국의 마오쩌둥 주석 얼굴이 등장했다. 자유민주주의와 권위주의라는 체제를 떠나서, 이 통치자들은 제도화된 권력보다 개인의 카리스마로 더 강력한 권력을 누렸다.

우리나라도 박정희 대통령 이후 심지어 민주주의 상징인 김영삼 김대중 대통령도 예외가 아니었다. 이를 극복해야 안정적 통치가 가능해진다. 국무회의를 보면 대통령 얘기를 장관들이 학생처럼 받아 적고 있다. 권력 내부의 민주화부터 이루어져야 한다.

대통령제 자체에 대한 제도적 변화 필요성도 꾸준히 제기된다.

1969년에 프랑스의 자크 샤방델마스 총리는 '유보영역 domaine réservé 이론'을 통해 외교·국방은 대통령이, 그 외에 내치는 총리가 담당하는 역할분담론을 주장했다. 흔히 말하는 프랑스의 이원정부제다. 현실적으로 바람직한 정부형태이냐는 문제와 별개로 여소야대 상황이 지속적으로 전개되면 이원정부제 운영은 불가피하다.

대통령이 두 번의 거부권을 행사할 정도로 여소야대 정국에서 타협의 정치는 실종된 상황이다.

검사 출신 윤 대통령 입장에서는 아무리 야당 대표라고 해도 범죄혐의로 재판을 받고 있는 사람과 대화하는 자체가 범죄혐의를 부정한다는 느낌으로 받아들여질 수 있다. 반면 이재명 더불어민주당 대표는 정치적 탄압을 받아서 재판을 받고 있는 것이지 잘못한 게 없다고 생각하고 있을 것이다. 타협의 실마리를 찾지 못할 수밖에 없는 상황이다. 2024년 4월 총선 때까지 이런 상황이 이어질 것 같다. 국가적 불행이다.

돌파구를 마련할 수 없을까?

헌법상 대통령 임기가 5년이고 국회의원 임기가 4년이다. 갈등이 생길 수밖에 없는 구조다. 이 때문에 여야가 서로를 존중하지 않고는 안 된다. 정치 헌법학 이론에서는 가장 최근에 국민들의 정당성을 획득한 쪽에 무게를 둬야 한다는 주장이 있다. 지금 시점에서는 2022년 대선이 가장 최근이었다. 일단 대통령의 국정철학에 더 무게를 두어야 한다는 이야기다. 만약 2024년 4월 총선에서 야당이 다수당이 되면 그때는 야당에 더 무게를 실어 주어야 한다. 이런 부분에 대한 상호 이해가 전제되어야 하는데 지금 정치권을 보면 이런 게 없다. 제도로 해결할 수 있는 문제가 아니다.

정치권에서 한동훈 법무부 장관 총선 차출론이 나온다. 차기 대선 주자 지지율 조사에서도 여권 인사 중 1위를 차지하고 있다.

윤 대통령과 한 장관은 결이 완전히 다르다고 생각한다. 윤 대통령은 보스 기질이 아주 강하다. 반면 도회인이라는 특징이 강한 한 장관은 윤 대통령 보좌 카드로는 훌륭하다. 정치를 하려면 험난한 코스를 거쳐야 한다. 초선 국회의원보다 법무부 장관 역할이 더 중요하다. 국회에 가면 좀 거칠어지던데 원래 얌전한 사람이다. 개인적으로는 한 장관이 정치를 안 했으면 좋겠다는 바람이다.

군경 이중배상 금지와 정보권 등 개정해야

윤 대통령이 최근 통일부 역할 변화를 주문했다. 일각에서는 남북 관계가 헌법상 특수 관계가 아닌 '국가 대 국가' 관계로 바뀌는 것 아니냐는 얘기가 나오고 있다.

헌법 3조에 대한민국 영토는 한반도와 그 부속 도서로 명시되어 있다. 남북은 특수 관계다. 북한 방문 때 여권이 아닌 출경서를 받는다는 사실 자체가 이를 방증한다. 남북 관계를 대하는 데 있어 이런 특수성 문제까지 건드리면 안 된다. '국가 대 국가'니 그런 식의 주장은 있을 수 없는 얘기다.

제헌절을 앞두고 김진표 국회의장이 또 개헌에 시동을 걸었다.

1948년 만들어진 헌법이 1987년까지 여덟 번 개정되었다. 산술적으로 39년 동안 여덟 번 바뀌었으니 5년을 못 간 셈이다. 하지만 이후 38년간 지금의 헌법이 유지되고 있다. 여야 8인의 정치회동을 통해서 타협을 본 게 현행헌법이다. 물론 민주화에 기념비적 이정표를 쌓았다고 평가할 수 있다. 5년마다 평화적 정권교체가 이뤄지고 있지 않은가. 하지만 앞뒤가 안 맞는 것도 있고 헌법 조문 자체에 위헌적 요소도 있다. 개헌 필요성은 분명하지만 넘어야 할 산도 너무 많은 게 현실이다.

통치구조 못지않게 기본권 조항에서도 손대야 할 부분이 있다는 지적이 나온다.

헌법 29조 2항의 군인과 군무원·경찰공무원에 대한 국가의 이중배상 제한 조항이 대표적이라고 할 수 있다. 유신헌법에 들어갔던 조항이 1980년과 1987년 개헌 때도 그대로 남았다. 하지만 1980년대부터 국민소득 1만 달러 시대를 맞이했다. 최근 국가보훈처를 부로 승격시킬 정도다. 국가를 위해 희생한 제복을 입은 분들에 대한 더 많은 배려를 해야 하는 시대지만, 당연히 없어져야 할 조항이 남아 있다.

인공지능 시대에 접어든 상황에 정보에 대한 기본권도 다시 정립해야 한다. 알 권리와 프라이버시권은 당연한 기본권이다.

하지만 프라이버시권이 1980년 헌법에서 들어왔지만 알 권리는 아직도 헌법 조항에 없다.

제헌절을 공휴일로 다시 지정해야 한다는 주장이 나온다.

주 5일제가 시작된 노무현 정부 때 쉬는 날이 너무 많다고 공휴일에서 제외하기로 결정하고, 이명박 정부 때인 2008년부터 시행되었다. 3·1절과 광복절, 개천절, 한글날까지 5대 국경일 중 유일하게 제헌절만 공휴일이 아니다. 대체휴일제까지 도입된 상황에서 제헌절을 공휴일로 지정하지 않는 이유를 국민들이 납득할 수 있겠는가.

정부의 미디어·콘텐츠산업융합발전위 공동위원장을 맡고 있다. 위원회에서 어떤 일들을 하고 있나?

윤 대통령 방미 때 넷플릭스가 향후 K-콘텐츠에 3조 3,000억 원을 투자하겠다고 했다. 한쪽에서는 넷플릭스에 너무 종속되는 것 아니냐는 얘기도 나온다. 넷플릭스의 투자도 좋지만, 국내 미디어 콘텐츠 산업도 안정적 기반을 갖출 수 있도록 해야 된다. CJ 빼고는 대부분 영세하다. 티빙만 해도 지난해 적자가 1,000억 원 났다고 한다. 체계적으로 범부처 차원의 지원 방안을 마련하기 위해 논의를 진행 중이다.

- 〈한국일보〉, 2023. 7. 13.

2장

파국과 혼돈의 시간

계엄과 탄핵

12·3 계엄, 법치주의를 허물다

"12·3 계엄은 절차와 정당성 없는 위헌"

《어떻게 민주주의는 무너지는가?》(2018)의 저자인 하버드대의 스티븐 레비츠키 Steven Levitsky와 대니얼 지블랫 Daniel Ziblatt 교수는 3권분립과 같은 규범이나 제도만으로 불충분하기 때문에 "가드레일의 존중"과 대통령의 권력 사용에 있어 절제를 강조한다. 특히 저자는 민주주의 규범 democratic norm을 강조한다. 즉, 상대 정당을 정당한 경쟁자로 인정하는 상호 관용 mutual toleration과 이해 understanding, 제도적 권리를 행사할 때 신중함을 잃지 않는 자제 tolerance가 민주주의의 기반임을 강조한 바 있다.

레비츠키 교수는 〈조선일보〉와의 인터뷰에서 최근 비상계엄 사태는 정치 양극화의 파괴적 결과로서 만약 비상계엄이 성공했더라면 한국은 민주주의가 무너진 가장 부유한 국가가 될 뻔했다고 술회했다. 다행히 한국 민주주의는 견고한 야당과 시민사회 덕분에 쉽게 무너지지 않을 것이라고 긍정적으로 진단했다. 그럼에도 도널드 트럼프 대통령은 당선되기 전이나 후에 한결같이 한국은 부자money machine라고 비아냥거린다.

세계 10대 경제대국인 대한민국에서 라틴아메리카나 아프리카에서 빈발하는 친위 쿠데타coup d'État가 발생했다는 사실은 전 세계에 충격을 던져 주었다. 더구나 군인이 아닌 검찰총장 출신 대통령이 발령한 비상계엄령이었다. 비록 실패한 계엄이지만, 선진국 반열에 오른 국가에서 처음으로 시도된 것이라 쿠데타의 말뜻 그대로 '국가에 대한 충격'은 오래도록 여진을 남길 듯하다.

아이러니하게도 이번 계엄은 전 세계적으로 정치학자와 헌법학자들의 풍부한 연구 소재를 제공할 것이다. 미국, 프랑스 등 정치 선진국뿐만 아니라 OECD 국가에서조차 대통령 탄핵은 찾아보기 어렵다. 이번에 실패한 비상계엄은 87년 체제에서 세 번째 탄핵으로 이어졌다는 점에서 민주화 이후 민주주의의 불안정을 단적으로 보여 준다.

서울의 밤, 공직자는 침묵했다

한국 민주주의에 조종을 울린 1980년 '서울의 봄'에 이은 2024년 12월 3일 '서울의 밤'은 대한민국호에 충격 그 자체였다. '서울의 봄'은 비극적이었다. 불행 중 다행으로 '서울의 밤'은 한국 민주주의의 성숙한 모습을 보여 주는 새로운 이정표였다.

외신은 계엄 이후 정국을 K-드라마와 같다고 한다. 유혈 아닌 무혈 반혁명이다. 남녀노소 연령을 불문하고 동참한다. 운동권 가요 대신 K-팝을 열창한다. 해외 교민들도 여의도 카페에서 '선결제'한다. 여의도와 광화문에서는 시위 행태가 축제를 방불케 한다. 역설적으로 계엄 과정에서 성숙한 민주시민이 한국 민주주의를 축복하고 확인한다. 이제 그날의 밤을 다시 한번 재구성함으로써 우리 스스로 반성과 성찰의 기회를 가져 보자.

몇 달 전 야당에서 비상계엄 논의를 제기했지만, 계엄 주관부서인 국방부 장관은 완강하게 부인했다. 그의 말을 의심하는 민주시민은 아무도 없었다. 그런데 길게는 1년, 짧게는 수개월 동안 김용현과 일단의 군인들이 비상계엄을 모의하고, 비상계엄령 발동 며칠 전에도 다수의 인사들이 이를 공유한 듯하다.

당일의 상황은 더욱 안타깝다. 핵심모의자인 국방부 장관을 비롯해서 수도방위사령관·정보사령관·방첩사령관 등 군 핵심 요직들이 길게는 몇 달 전 짧게는 며칠 전부터 계엄을 숙지하고 있었다. 심지어 민간인 신분인 전 정보사령관이 계엄의 실질적 설계자로 알려진다. 아무리 상명하복 관계인 군인이라 하더라도 민주법치국가의 기본틀에 대한 최소한의 숙고도 없었다. 계엄 당일에도 몇 시간 전부터 다수의 인사들이 인지한 듯한 정황이 보인다. 출장 중이던 행정안전부 장관은 일정을 취소하고 급히 상경했다. 경찰청장과 서울경찰청장도 사전통고를 받았다.

이렇게 다수의 군·경 최고위층 인사들이 계엄을 숙지했음에도 불행한 사태를 사전에 방지하기 위한 공익제보자, 즉 '워치독 watchdog'은 존재하지 않았다. 고위공직자의 민주시민 의식 실종을 질책하지 않을 수 없다. 차제에 공직자에게는 민주시민 교육부터 최우선적으로 실시해야겠다.

당일 현장 상황은 더욱더 국민적 분노를 자아낸다. 총리를 비롯한 국무위원들이 속속 용산 대통령실에 집결했다. 행정안전부 장관의 국회 증언에 의하면 "국무위원 중 한두 명이 계엄에 반대 의견을 제시"했다고 한다. 외교부 장관은 국회에서 대통령이 "오죽하면 내가 이런 결정을 했겠느냐"라는 상황에서 그 어느 누구도 말할 수 있는 상황이 아니었다고 진술한다. 목숨 걸고 대통령에게 읍소하거나 바짓가랑이를 잡아채는 국무위원은 아무도 없었다.

이 지점은 책임 있는 공직자의 자세가 무엇인지 다시 한번 반추하게 한다. 공직자는 국가와 국민을 위해 무한 책임을 져야 한다. 1909년 민족의 원수인 이토 히로부미를 처단한 안중근 의사는

'위국헌신군인본분 爲國獻身軍人本分'이라고 하지 않았던가. 선조들이 쌓아올린 표상들은 오늘의 공직자들에게 살아 있는 교본이다.

"짐이 곧 국가"인 조선시대에도 국왕의 잘못에 대해서는 신하들의 충언과 진언이 끊이지 않았다. 삼정승, 사간원, 사헌부의 당상관뿐만 아니라 심지어 지방 유생들까지 상소로 임금의 잘못을 탄핵했다. 정권을 찬탈한 임금에게는 목숨 바쳐 저항했다. 고려 왕조를 끝까지 수호한 정몽주는 '선죽교의 피'가 되었다. 두문동 72현은 "차라리 왕 씨의 귀신이 될지언정, 이 씨의 신하는 되지 않겠다"라면서 만수산에 들어가 은둔으로 삶을 마감했다. 세조의 왕위 찬탈에 반대한 불사이군 不事二君 생육신·사육신은 후세에 길이 남을 절개를 보여 준다.

권력은 책임을 동반한다. 권력을 가진 자는 언제든지 책임지는 자세를 가져야 한다. 1982년 경남 의령군 파출소 순경이 총기를 난사하여 62명의 무고한 주민이 희생되었다. 지방 미관말직이 저지른 일탈인데도 치안본부장(지금의 경찰청장)이 아니라 최상급자인 서정화 내무부 장관(지금의 행정안전부 장관)이 도의적 책임을 지고 사퇴했다. 진퇴를 분명히 한 책임 있는 공직자의 귀감이다. 서 장관은 15년이 지난 1997년 다시 내무부 장관에 복귀했다. 사즉생 死卽生의 본보기다.

윤석열 정부에서는 사고가 발생해도 아무도 책임을 지지 않는다. 이태원 참사로 꽃다운 청춘들이 안타깝게 생을 마감했는데 경찰청장이나 행정안전부 장관이 책임지고 사퇴한 일이 없다. 지금 경찰청장과 행정안전부 장관은 계엄에 연루된 형사피고인·피의자 신분이다.

국회에서 한덕수 총리는 당일 국무회의는 중대한 "형식적·실체적 흠결이 있었다"고 했다. 그렇다. 그날 국무회의는 어느 누구도 규정에 따라 소집한 흔적이 없다. 그나마 국무회의를 개최해야 한다는 형식적 요청에 따라 회의 정족수 채우기에 급급했다. 국무회의가 정식으로 소집되지도 않았으니 국무회의 회의록이라는 것도 존재할 수 없다. 회의 장소도 국무회의실이 아니라 대통령 접견실이었다. 대통령령인 '국무회의 규정'에 따른 의안 제출(제2조), 차관회의를 거친 의안 심의(제4조), 구성원 과반수의 출석으로 개의하고 구성원 3분의 2 이상 찬성으로 의결(제6조), 간사의 국무회의록 작성(제11조) 등을 총체적으로 위반했다.

"대통령의 국법상 행위는 문서로써 하며, 이 문서에는 국무총리와 관계 국무위원이 부서한다. 군사에 관한 것도 또한 같다"(헌법 제82조). "5. 대통령의 긴급명령·긴급재정경제처분 및 명령 또는 계엄과 그 해제, 6. 군사에 관한 중요사항"은 "국무회의의 심의를 거쳐야 한다"(헌법 제89조). 필수적 심의사항이다. "국방부 장관 또는 행정안전부 장관은" "사유가 발생한 경우에는 국무총리를 거쳐 대통령에게 계엄의 선포를 건의할 수 있다"(〈계엄법〉 제2조 제6항).

형식 없는 정의는 없다

12월 3일과 4일 사이에 일어난 일련의 과정에 대해 헌법적으로 평가한다면 국무회의 소집, 심의안건 상정, 심의가 제대로 된 흔적이 보이지 않기 때문에 절차상 위헌이다. 국무회의는 의결기관이 아니고 심의기관이라는 헌법상 법적 성격으로 인해 국무회의 심의를 거쳤다는 외피를 갖추었다고 강변한다. 영화〈서울의 봄〉에서 잘 드러나는 바와 같이 1979년 12·12 쿠데타에서 전두환 국군보안사령관을 비롯한 일단의 무장군인들이 계엄사령관 정승화 육군참모총장을 체포하는 과정에서 최규하 대통령 권한대행의 계엄사령관 체포동의서를 받기 위해 밤새 애쓴 흔적보다 못한 상황이다.

또한 대통령의 국법상 행위에는 총리와 관계 국무위원의 '부서副署'가 있어야 한다. 그런데 계엄령 발령이라는 국법상 행위에 대하여 총리와 관계 국무위원이 부서했다는 흔적도 보이지 않는다. 게다가 대통령의 국법상 행위는 '문서文書'로써 하여야 하는데 총리와 관계 국무위원의 부서가 문서로써 현재까지 존재하지 않는 것 같다. 부서는 대통령의 국법상 행위에 대해 관계자들의 책임소재를 명확히 한다는 의미를 가진다. 부서 없는 행위는 위헌·무효이다.

"계엄을 선포한 때에는 대통령은 지체 없이 국회에 통고하여야 한다"(헌법 제77조 제4항). 하지만 대통령이 국회에 계엄선포를 통고한 흔적이 없다. 그런데도 국회는 "국회가 재적의원 과반수의 찬성으로 계엄의 해제를 요구"했다. 국회가 계엄의 해제를 요구하면 "대통령은 이를 해제하여야 한다"(헌법 제77조 제5항). 그나마 대통령이 국회의 계엄 해제 요구에 따라 계엄을 해제한 것은 불행 중 다행이다. 국민적 요구에 대통령이 굴복함으로써 위헌 상태는 최단 시간에 그쳤다.

'서울의 밤'은 국가긴급권 발동의 실체적 정당성 이전에 헌법과 법률에서 요구하는 적법절차 due process of law를 총체적으로 위배했다. 민주법치국가에서는 형식적 적법절차, 즉 헌법과 법률이 마련한 일련의 법적 절차를 지켜야 한다. 적법절차는 외관뿐만 아니라 내용에서도 동시에 요구된다. 하지만 비상계엄령이 실질적 정당성을 갖추었느냐 여부는 그다음 문제이다. 외관부터 위헌·위법인 절차는 법질서를 원천적으로 파괴한 행위이다. 대통령의 국법상 행위는 최소한 정의의 외피만이라도 갖추었어야 한다.

법치국가가 건전하게 작동하려면 적어도 형식이 실질을 우선적으로 담보하는 사회가 되어야 한다. 형식적 정의의 외피도 갖추지 못한 곳에 실질적 정의는 애당초 터 잡기가 불가능하다.

-〈아주경제〉, 2024. 12. 25.

위기 속에서 헌법과 법치는 작동했는가

국힘 의원 가세로 탄핵 의결

대통령의 비상계엄 선포 이후 일련의 사건 처리 과정에서 법치주의 원칙에 맞게 적법절차가 제대로 작동했는지를 살펴본다. 실체적 진실 발견에 따른 위헌·위법 문제는 헌법재판소의 결정과 법원의 판결을 통해 드러나겠지만 어려울 때일수록 헌법을 관통하는 일반원리인 적법절차는 지켜져야 한다.

"계엄을 선포한 때에는 대통령은 지체 없이 국회에 통고하여야 한다"(헌법 제77조 제4항). 하지만 '국회에 통고하였다'는 기록은 없다. 오후 11시 27분에는 계엄사령부의 제1호 포고문이 공포되었다. 우원식 국회의장이 담을 넘는 장면은 의회민주주의의 본산인 국회의 현실을 실존적으로 증언한다. 한동훈 국민의힘 대표도 즉각적으로 계엄이 위헌·무효임을 선언했다. 국회는 비상계엄 선포 후 불과 2시간 35분 만에 비상계엄 해제요구안을 의결했다.

이는 한국 민주주의가 헌법국가 원리에 따라 건전하게 작동하고 있다는 징표이다. 한국 헌정사에서 역대 여덟 번 비상계엄이 있었지만, 국회가 신속하게 해제를 요구함으로써 비상계엄을 무력화시킨 첫 번째 사례다. "국회가 재적의원 과반수의 찬성으로 계엄의 해제를 요구한 때에는 대통령은 이를 해제하여야 한다"(헌법 제77조 제5항). 오전 4시 27분 한덕수 총리 주재로 계엄해제 국무회의가 2분간 열렸다. 대통령이 국회의 계엄해제 요구를 받아들여 계엄을 해제한 첫 사례로 이에 따라 계엄은 소멸했다.

계엄은 헌법상 반드시 '병력'을 동원한다는 점에서 군사정변의 성격을 가진다. 국회 절대다수를 차지하는 야당은 국회에서 대통령에 대한 탄핵소추를 시작했다. 정기국회 회기 말에 작동한 제1차 탄핵소추안은 의원 195명만 참석하여 투표 불성립으로 폐기되었다. 곧 임시국회를 소집하여 제2차 탄핵소추안을 가결했다. 대통령에 대한 탄핵은 재적의원 3분의 2 이상 찬성이 있어야 하는데 여당인 국민의힘 의원들이 상당수 탄핵에 찬성한 결과이다.

내란 수사의 법적 근거는 무엇인가

다른 한편 대통령을 비롯해 비상계엄에 관여한 인사들에 대한 내란죄 혐의의 수사가 진행된다. 검찰은 국방부 장관 등, 경찰은 경찰청장 등을 각기 구속했다. 대통령에 대한 내란혐의 수사는 애초에 검찰에서 시작했으나 검찰총장이 고위공직자범죄수사처(공수처)로 사건을 이첩했다.

공수처는 세 차례에 걸쳐 대통령에게 출석 요구를 했으나 불응하자 서울서부지방법원에서 체포영장을 발부받아 1차 체포 시도에 나섰으나 실패했다. 이때 체포영장에 〈형사소송법〉 제110조, 제111조 적용을 배제하는 내용을 명시했다. 법관이 영장을 발부하면서 '군사상 및 공무상 비밀과 압수'에 관한 법률 조항의 적용 배제는 법관이 의회와 같은 법창조적 기능을 행사한 것이다. 영장에 위 〈형사소송법〉의 적용을 배제하는 것은 법관의 권한 범위를 벗어난다. 논란이 촉발되자 제2차 체포영장에는 이에 관한 내용을 적시하지 않았다.

1월 15일 2차 시도에서 사상 최초로 현직 대통령이 체포되어 공수처에 인치引致되어 조사를 받고 의왕구치소에 수감되었다. 대통령은 체포적부심을 서울중앙지법에 청구했으나 기각되었다. 또한 서울서부지법의 영장 실질심사에서 대통령이 직접 법정 변론에 나섰으나 역시 기각되었다. 현직 대통령에 대한 구속영장 발부 사유에서 "피의자가 증거를 인멸할 우려가 있다"는 단 15자에 불과하다는 아쉬움이 묻어난다. 180일 이내에 헌재에서 단심으로 끝나는 탄핵심판이 결론 난 후에 논쟁적인 내란죄 수사를 위한 신병 처리가 바람직한 순서일 수 있다.

특히 검찰과 공수처의 대통령의 내란죄 혐의에 대한 수사권에 대하여는 여전히 논란이다. 공수처는 형법상 직권남용죄의 수사 과정에서 내란죄까지 수사할 수 있게 되었다는 것이다. 문재인 정부 때 이른바 '검수완박법', 즉 검찰 수사권 박탈을 위한 〈형사소송법〉 개정에 따라 검찰은 6대 범죄(부패·경제·공직자·선거·방위사업·대형참사) 중 2개(부패·경제 범죄)만 직접 수사할 수 있다. 그렇다면 검찰과 공수처는 내란죄를 직접 수사할 수 있는 법적 근거가 없는 셈이다.

다만 직권남용범죄를 수사하는 과정에서 직권을 남용하여 내란죄까지 범했기 때문에 내란죄를 수사할 수 있다는 것이다. 즉, '공수처법' 제2조 제4호 라목의 "고위공직자범죄 수사 과정에서 인지한 그 고위공직자범죄와 직접 관련성이 있는 죄로서 해당 고위공직자가 범한 죄"에 해당한다고 본다. 이는 검찰이 자주 자행해 오던 이른바 별건체포·수사나 다름없다. 즉, 원래 수사하고자 하는 범죄혐의 확정이 쉽지 않을 경우 우선 쉬운 별건으로 수사해 온 관행은 위헌·위법의 소지가 크다.

직권남용죄를 의율擬律하여 내란죄를 수사한다는 것은 그야말로 견강부회牽强附會 성격이 짙다. 검경 수사권 분리라는 원래의 의도와는 전혀 다른 방향으로 작동한다. 실제로 고위공직자 수사에서 직권남용과 관련되지 않은 부패 사건이 거의 없다고 본다면, 공수처뿐만 아니라 검찰도 거의 모든 공직자에 대한 직접 수사가 가능해진다. 그렇다면 무엇 때문에 '검수완박법'을 만들었는지 의구심을 지울 수 없다. 더구나 대통령은 헌법 제84조에 명시된 바와 같이 "내란 또는 외환의 죄를 범한 경우를 제외하고는 재직 중 형사상의 소추를 받지 아니한다"고 규정하고 있기 때문에 직권남용죄 수사를 내란죄로 연결시킨 것은 잘못이다.

왜 대통령 내란죄 사건을 경찰이 아닌 검찰이 먼저 수사하다가 공수처로 넘긴 것인지에 대한 근본적인 의문은 아직 해결되지 않았다. "오얏나무 아래에서 갓 끈을 고쳐 매지 말라"는 옛말을 잊지 말아야 한다. 동일한 사안, 즉 비상계엄에 따른 내란죄 수사는 동일한 수사기관에서 수사하는 게 맞다. 검찰·경찰·공수처 3각 편대 수사는 수사에 혼돈과 혼선만 가중시킬 뿐이다. 대통령의 사법처리 과정에서 현행 사법체계의 문제점이 여실히 드러났다. 국가원수인 대통령의 내란혐의 사건을 검찰이 직접 수사하는 것은 '검수완박법' 정신에 어긋난다.

차제에 인신구속제도의 첫출발이자 핵심인 법원의 영장심사제도에 대해서도 재조명이 필요하다. 특히 국민과 언론의 초미의 관심 사안인 현직 국가원수의 신병 처리 문제를 법관 1인이

재판하는 것이 합당한지 의문이 든다. 이를테면 서울중앙지법 형사부 중에서 전자식으로 추첨한 3인 합의부에서 판단하는 방안 등 개선책을 모색할 때가 되었다. 영장실질심사에서도 당사자들이 수긍할 수 있을 정도의 구속 여부에 관한 설명 의무가 필요하다.

공수처, 위기의 답은 아니다

대통령에 대한 수사 과정에서 논란과 혼란을 자초한 공수처에 대한 근본적인 대안이 마련되어야 한다. 공수처의 관할 법원은 '공수처법' 제31조(관할법원)에 명시되어 있는 원칙 조항인 서울중앙지법이다. 동일한 사건에서 같은 내란 혐의를 받는 국방부 장관은 서울중앙지법에, 대통령은 서울서부지법에 구속영장이 청구되고 발부된 것은 잘못이다. 공수처의 변칙적인 서울서부지법 영장 청구에 대해 기계적으로 응대한 법원도 책임에서 자유로울 수 없다.

무엇보다 전 세계적으로 제대로 된 나라에 공수처와 같은 별도의 수사기구가 존재하지 않는다. OECD 국가 중에서 유일하게 영국에만 유사한 조직이 있을 뿐이다. 미국, 독일, 프랑스, 일본 등에는 이와 같은 조직이 없다. 그 이유는 명확하다. 헌법이 보장하는 신체의 자유와 직결되는 수사와 기소는 보편적 사법체계 속의 전문적·독립적 조직인 경찰·검찰이 맡아야 하기 때문이다. 형사사법체계상 예외적 기관인 공수처의 존재는 오히려 혼란만 초래한다. 이번 내란죄 수사 과정에서 그 한계를 여실히 드러냈다. 차제에 미국에서만 통용되는 특별한 기구인 특별검사제도도 재검토가 필요하다. 민주화 이후 외국의 좋다는 제도는 모두 도입하는 과정에서 혼란만 자초하고 있다.

한편 대통령에 대한 국회 탄핵소추사유의 핵심은 비상계엄 선포와 그에 따른 내란죄 문제이다. 그런데 소추인, 즉 국회 측에서 내란 관련 사항을 헌재의 판단에서 제외할 것을 요구한다. 이는 탄핵소추사유의 중대한 변경에 해당된다. 실제로 탄핵소추에 찬성한 국민의힘 의원 중에는 내란죄를 제외할 경우에는 재표결이 필요하며 탄핵소추에 반대할 것이라고 표명하기도 한다.

이 와중에 장관급 고위공직자로서 재판을 보좌하는 최고위 행정직인 헌재 사무처장이 계엄은 위헌이라고 발언하여 논란을 촉발한다. 재판 중인 사안에서 자신의 개인적 소신을 발언하는 것은 적절하지 않다. 무엇보다 국회의 대통령 탄핵소추사유와 관련된 문제점도 지적하지 않을 수 없다. 1차 탄핵소추 사유에서는 대통령의 친미국··일본 외교, 비북한·중국·러시아 문제도 적시했다. 다행히 2차 탄핵소추 사유에서 이 문제는 삭제되었다.

정리하면, 대통령을 비롯한 비상계엄에 따른 내란죄 수사는 현행법상 검찰도 공수처도 아닌 경찰이 하는 것이 맞다. 더구나 공수처가 대통령에 대한 영장 청구를 서울중앙지법이 아닌 서울서부지법에 신청한 것은 위법은 아니더라도 원칙에 어긋난다. 어려울 때일수록 원칙에 충실해야 한다. 차제에 국민들의 형사사법체계에 대한 혼란과 불신을 야기하는 '검수완박법'도 재정비해야 한다. 혼란만 야기하는 옥상옥 수사기관인 공수처는 존폐 기로에 서 있다.

그렇다고 하더라도 대통령이 공수처 수사에 협조하지 않는 것은 잘못이다. 다만 탄핵심판 후에 신병 처리가 되었더라면 하는 아쉬움이 남는다. 그 과정에서 야기된 그 어떠한 폭력도 용납되어서는 안 된다. 폭력은 자유민주주의 적이다. 자유와 권리 보장의 최후 보루인 사법부에 대한 폭력은 야만이다. 끝으로 존재이유가 전·현직 대통령의 경호에 있는 경호처의 특수성을 고려하여 관계자들의 사법 처리 과정에서 관용이 필요하다.

— 〈아주경제〉, 2025. 1. 24.

구속수사 관행, 이제는 바꿔야 한다

신체의 자유는 인간의 원초적 권리

대통령의 비상계엄 발동은 탄핵심판 및 내란죄 소송으로 비화된다. 탄핵은 징계벌이므로 민형사상의 책임은 별개이다. 헌법상 형사상 특권(제84조)을 가진 대통령의 내란죄 혐의에 대한 공수처 수사, 서부지법에 영장 청구, 검찰의 두 차례 추가 수사 요구는 위법은 아니지만 변칙이다. 이 과정에서 판사 쇼핑과 기교사법이 난무한다.

1987년 6월 항쟁의 도화선이 된 서울대생 박종철 군은 국가폭력의 희생자다. 국가폭력을 원천적으로 봉쇄하기 위해 우리나라 헌법은 문명국가 중에서 신체의 자유를 가장 상세하게 규정한다. 헌법 제12조 신체의 자유는 헌법 조문 중에서 가장 긴 7개 항을 둔다. 더하여 이중처벌·소급입법·연좌제의 금지(제13조), 재판청구권(제27조), 형사보상청구권(제28조) 등을 규정한다. 사실 "모든 국민은 신체의 자유를 가진다"(제12조 제1항 제1문)로 충분하고 나머지 사항은 〈형법〉과 〈형사소송법〉에 규정해도 무방하다.

신체의 안전과 자유는 인간의 원초적 권리다. 영어圖圖의 몸이 된 상황에서 다른 모든 기본권, 즉 정신적 자유, 사생활, 재산권, 사회권은 사치에 불과하다. 사람이 구속되면 아무것도 할 수 없다. 출근할 수 없으니 다니던 직장도 잃게 된다. 구속되는 사람의 대부분은 한 가정의 가장이다. 구속되는 순간 그 사람의 인생뿐만 아니라 한 가정이 파멸로 이어진다. 현행법상 인신구속에는 여러 단계를 거친다. 체포 단계에서 미란다 원칙에 따라 체포 이유, 불리한 진술거부권, 변호인의 조력을 받을 권리 등을 고지받는다. 그 이후에도 체포적부심, 영장실질심사, 구속적부심, 보석 등을 보장한다.

헌법상 무죄추정의 원칙(제27조 제4항)에 따라 불구속수사가 원칙이다. 그런데 관행적으로 일단 구속으로 망신을 준다. 심지어 전직 대법원장조차 구속되었다가 1심에서 무죄 판결을 받았다. 정치에 오염되어 정치화된 검찰과 법원의 한 단면이다. 1895년 서양의 형사사법제도가 도입된 이래 일제강점기를 거치면서 오늘날까지 구속수사가 원칙으로 작동한다. 이제 형사사법체계를 불구속수사 원칙에 맞게 만드는 근본적인 개혁이 필요하다.

대통령도 예외 없는 망신주기 수사

현직 대통령을 구속하는 과정에서도 적법절차가 작동하지 않아 공수처와 검찰이 법원으로부터 망신당했다. 그러니 일반 국민은 그간 어떠한 대접을 받아왔는지 굳이 말할 필요가 없다. 인신구속이라는 중대한 사안에서 법원은 밤늦도록 검토한 끝에 겨우 '증거 인멸'이나 '도주의 우려'가 있다고만 적시한다. 대통령도 예외가 아니다. 어떠한 이유로 증거 인멸이나 도주의 우려가 있는지 설명해 주지 않는다. 과연 피의자가 납득할 수 있겠는가. 그 과정에서 '출국 금지'도 시킨다. 저자는 오래전 행정심판을 하면서 유력 정치인의 정보공개 청구를 인용한 바 있다. 당시 법무부와 검찰의 기록에는 "출국 금지가 필요하다"뿐이었다.

    법원은 유사한 사안에서 들쭉날쭉한 양형을 시정하고자 양형위원회를 운영한다. 하지만 현실은 딴판이다. 1심 판사는 자신이 내린 35개 명예훼손 판결 중에서 특정 정치인 사건에서만 유일하게 실형을 선고했다. 스스로가 해 온 양형기준에 어긋나는 선고를 한 것이다. 차제에 구속영장 발부에도 객관적 기준을 마련해야 한다. 한 사람의 명운이 좌우되는 영장발부를 판사 1인이 담당하는 현행 제도부터 혁신이 필요하다. 3인 합의부에서 심리하는 구속적부심과 순서가 뒤바뀐 느낌이다. 국민의 생명과 신체를 실질적으로 보호하기 위해 필요하다면 법관도 대폭 증원해야 한다.

공권력 작용에는 국민이 납득할 만한 설명 의무가 뒤따른다. 국민의 알 권리를 보다 실질화해야 진정한 국민주권주의가 구현된다. 이를 위해 입법·행정·사법 등 모든 국가작용은 투명하게 공개되어야 한다.

- 〈한국일보〉, 2025. 2. 5.

무소불위 선관위를 다시 설계하자

선관위 독립의 허상

3·15 부정선거에 따라 1960년 제2공화국 헌법에 선거관리위원회가 도입되었다. 중앙선관위는 대통령 임명 3인, 국회 선출 3인, 대법원장 지명 3인의 위원으로 구성한다. 위원장은 위원 중에서 호선한다(제114조 제2항). 관례적으로 대법원장은 1인의 대법관과 2인의 법관을 중앙선관위원으로 지명하고 그중 대법관이 중앙선관위원장을 맡는다. 헌법기관 구성원이 또 다른 헌법기관의 장이 되는 것은 독립기관의 자기모순이다. 중앙선관위원장은 국회의장·대법원장·헌재소장과 더불어 5부 요인으로 꼽히지만, 본직은 대법원 소속 대법관이다. 살인적으로 과도한 대법관 업무에 중앙선관위원장까지 맡으니 선관위 직원이 대법원에 가서 결재를 받는다.

중앙선관위는 비상근인 위원장·위원과 상임인 장관급 상임위원·사무총장의 이원 체제로 작동한다. 자연히 업무는 상근직원들이 좌우할 수밖에 없다. 사무총장은 문재인·윤석열 정부에서도 대통령 측근들이 임명되어 논란이 있었다. 비상임이다 보니 책임 소재가 불투명하다. 전자 투·개표를 하는 시대에 '소쿠리'에 담은 기표용지를 보고 누가 선거관리를 신뢰할 수 있겠는가. 투표 당일 중앙선관위원장은 아예 출근도 하지 않았으니, 투표가 어떻게 진행되고 있는지 제대로 파악할 수도 없었다. 권한과 감투만 있고 책임을 지지 않는 전형적 모델이다.

이러니 총리·청와대 수석까지 지낸 사람들이 부정선거 의혹을 지속적으로 제기한다. 마침내 윤석열 대통령은 비상계엄 선포와 동시에 계엄군을 중앙선관위에 투입했다. 대통령은 헌재 최후변론에서도 이 문제를 제기했다. 감사원 직무감찰에 대해 선관위가 제기한 권한쟁의심판에서 헌재는 위헌·위법이라고 판시했다. 같은 날 감사원의 대대적인 감찰 결과에 따르면 선관위의 근무행태·직원채용 등은 비리의 복마전이다.

공정성을 명분으로 지역 선관위원장도 판사가 맡는다. 그런데 선거 단속 과정에서 왜곡된 결정으로 비판을 받아왔다. 특히 '선거사범에 대한 검찰의 압수·수색영장 청구 → 법원 판단, 선관위의 고발·수사 의뢰 → 검찰기소 → 법원 판결'의 단계에서 법원은 곧 법관이 선관위원장을 겸하는 법원이다. 물론 법관은 다르지만 선관위원장과 같이 근무하는 법관들이 재판하다 보니 '셀프 재판'과 '제 식구 감싸기' 우려가 제기된다. 즉, 선관위가 독립기관을 명분 삼아 법관의 뒤에 숨어 군림하는 선거관리를 자행한다.

선관위 개혁의 해법

선관위를 개혁하려면 국민들로부터 불신 받는 제도의 혁신이 불가피하다.

첫째, 독립된 헌법기관의 장인 중앙선관위원장은 상임이어야 한다. 선관위원의 법관 겸직도 금지해야 한다. 둘째, 선관위 자체 감사가 정상적으로 작동하지 못하므로 비록 대통령 소속기관이지만 최고의 감찰기관인 감사원의 직무감찰을 수용하는 것이 맞다. 〈감사원법〉도 선관위 소속 공무원을 직무감찰 대상에서 제외하지 않는다. 선거관리는 사법·입법과는 다른 행정업무다. 헌재의 고식적이고 경직적인 법해석은 실질보다는 형식 논리에 매몰된 결과다. 더구나 헌법재판관 8인 중 6인이 과거 지역선관위원장을 맡은 전력 때문에 헌재의 친선관위 판례를 불신한다.

셋째, 전국에 각급 선관위의 설치는 비교헌법상 이례적이다. 미국·영국·프랑스·일본 등에서는 일상적 선거관리는 전국적 조직을 가진 내무부와 지방자치단체가 관리한다. 다만 선거비용과 정치자금 관리 등 정치활동 투명성 확보를 위한 위원회가 작동한다. 우리도 개헌을 통해 선거관리 행정은 제헌헌법 때처럼 행정안전부에 맡기고 중앙선관위는 정치활동 투명성 기구로 재정립되어야 한다. 합헌성의 외피에 빠진 헌재와, 독립기구라는 환상에 빠진 선관위가 제정신을 차려야 한다.

- 〈한국일보〉, 2025. 3. 5.

민주주의의 비극, 탄핵의 역사

탄핵으로 얼룩진 87년 체제

온 국민과 전 세계를 놀라게 한 2024년 12월 3일 밤의 비상계엄 선포로 촉발된 윤석열 대통령 탄핵심판이 길었던 공방 끝에 변론 종결을 맞았고, 이제 최종 심판만을 남겨 두고 있다. 민주화 이후의 민주주의를 구축하고자 한 87년 체제는 예상치 못한 비상계엄과 탄핵으로 얼룩져 마침내 그 종착역에 이르렀다. 이제 87년 체제는 종언을 고하고 있다. 탄핵으로 얼룩진 흑역사를 되새김으로써 미래 한국의 새로운 헌정사를 구축할 필요가 있다.

취임 1주년을 앞둔 2004년 벽두에 노무현 대통령은 자신을 당선시켜 준 새천년민주당을 탈당하고 열린우리당 창당을 선언했다. 그간 집권여당인 새천년민주당은 기득권 세력인 이른바 훈구파들에 휘둘린 채 새로 취임한 노 대통령의 정책 의지를 제대로 뒷받침하지 못했다. 그런데 대통령이 생각한 것과는 달리 열린우리당은 좀처럼 탄력을 받지 못하고 지지부진했다. 이에 노 대통령이 기자회견에서 "국민들이 총선에서 열린우리당을 압도적으로 지지해 줄 것으로 기대한다"고 했다. 이 발언은 최고위 공직자로서 '헌법상 공무원의 정치적 중립의무'를 위배했다는 비판에 직면했다.

마침내 야당인 한나라당에 새천년민주당 잔류파가 합세해서 대통령 탄핵소추를 의결했다(272명 중 가결 193명). 헌재는 대통령의 언행이 헌법과 법률을 위배했지만 '중대한 위배'가 아니라는 이유로 재판관 전원일치 기각결정을 내렸다. 일부 재판관은 소수의견으로 탄핵 인용 의견을 제시한 것으로 알려져 있다(6 대 3 또는 7 대 2). 실제로 결정문을 보면 어떤 곳에서는 탄핵을 인용하는 듯한 표현도 보인다.

특히 헌재는 대통령의 지위를 이용한 선거운동 금지 및 국회를 비하하여 헌법 준수 의무를 위반했다는 소추 사유에 대해서는 위헌이 아니라고 판시했다. 당시 〈헌법재판소법〉에서는 탄핵심판에서 소수의견을 제시할 수 있는 명문 규정이 없어 이런 어설픈 촌극이 벌어진 것이다. 그 후 〈헌법재판소법〉 개정으로 소수의견을 밝힐 수 있게 되었다.

민주주의의 그림자, 탄핵의 역사

 탄핵심판의 결론이 내려지지 않은 상황에서 4월 15일 실시된 총선거에서 열린우리당이 절대 과반수를 확보했다. 이른바 '탄돌이들'이 대거 국회에 입성했다. 민심은 노무현 대통령을 탄핵소추한 세력을 강하게 응징했다. 탄핵에 부화뇌동하던 새천년민주당은 궤멸적 패배로 민주노동당에도 뒤지는 겨우 제4당으로 명맥만 유지했다.
 그 후 민주당 찬탄 의원들은 국민 앞에 후회와 반성으로 극히 일부만 정치권에서 살아남았다. 그만큼 민심을 외면한 정치행위는 설 자리가 없음을 역사는 증명한다. 헌재의 탄핵 기각으로 대통령은 직무에 복귀했다. 하지만 국민적 호응에 따라 대통령직에 복귀한 대통령이 국민적 기대에 제대로 부응하지 못했다. 노무현 정권은 결국 후임 대통령 선거에서 참패함으로써 다시금 엄중한 민심의 심판을 받았다.
 2016년 박근혜 대통령은 집권당인 새누리당에서 이탈한 세력이 더불어민주당·국민의당·정의당에 동조함으로써 탄핵소추되었다(299명 중 가결 234명). 당시 초점은 이른바 비선실세 최서원의 국정농단이었다. 그러나 과연 국정농단을 할 정도로 비선실세였는지, 아니면 비선이었지만 탄핵에 이를 정도로 실세가 아니었는지에 관한 의문은 남아 있었다. 그럼에도 박 대통령은 만

장일치로 탄핵이 인용되어 대통령직에서 파면되었다.

돌이켜 보면, 박 대통령이 국정농단을 했는지에 대한 견해는 분분할 수 있다. 무엇보다 노 대통령 때 헌재가 내린 '중대한 위배'에 해당되는지에 관한 논쟁이다. 이 시점에서 살펴보더라도 최서원의 국정 개입 정도가 과연 국민이 선출한 대통령을 공직에서 추방하고 탄핵에 이를 정도로 중대한 것이었는지에 관하여는 논쟁적일 수 있다. 그것도 재판관 전원의 일치된 의견으로 나왔다는 점에서 지금도 의문을 가지는 관측론자가 있는 것도 사실이다.

실제로 헌재는 최서원과 관련되지 아니한 사안이지만 탄핵 정국의 화두로 언론의 헤드라인을 장식한 사안들, 예컨대 공무원 임면권 남용, 언론의 자유 침해, 불성실한 직무 수행 등의 소추사유에 대해 위헌이 아니라고 판시한다. 특히 정작 세월호 참사로 촉발된 대통령의 생명권 보호 의무 등에 대해서는 '대응 조치에 미흡하고 부적절한 면이 있었다고 볼 수 없다'고 판시한다.

노무현·박근혜 대통령 탄핵은 집권 여당이 무너지면서 그 이탈세력이 야당과 규합하여 탄핵소추가 가능했다. 심지어 탄핵소추위원장은 국회 법제사법위원장이었는데, 그는 바로 새누리당 권성동 의원으로 탄핵소추를 진두지휘했다. 아이러니하게도 그는 윤석열 대통령이 탄핵소추당한 현재 여당의 원내대표로 반탄에 앞장서고 있다. 헌법상 대통령에 대한 탄핵소추 의결은 재적의원의 3분의 2 이상이 찬성해야 하지만 여타 탄핵 대상자는 재적의원 과반수 찬성으로 의결한다. 한덕수 대통령 권한대행에 대한 탄핵소추에서 보듯이 대통령 권한대행으로서의 직무에 대한 탄핵소추는 대통령에 준하여 의결정족수를 충족해야 함에도 불구하고 국회의장이 직권으로 총리 탄핵소추 의결정족수로 충분하다고 결정했다.

87년 체제에서 여야 어느 쪽이든 간에 재적의원 3분의 2 이상을 확보한 적은 없었다. 따라서 여야 어느 쪽이든 한쪽이 무너지지 않으면 대통령 탄핵소추는 불가능하다. 그런 점에서 "뭉치면 살고 흩어지면 죽는다"는 평범한 격언이 한국 민주주의의 어두운 그림자에 대한 성찰을 요구한다.

내란 프레임의 후폭풍

박근혜 대통령 탄핵은 집권세력의 이탈에서 비롯되었다는 점에서 노무현 대통령 탄핵과 유사한 측면이 있다. 그러나 탄핵에 이르는 과정을 살펴보면 노 대통령과는 달리 탄핵 이전에 2014년 발생한 세월호 참사 등으로 민심이 상당 부분 이반되기 시작했다. 대통령 재임 중 실시된 2016년 총선거에서 집권 여당의 패배가 이를 입증한다. 그 패배 또한 다름 아닌 이른바 '옥쇄파동'까지 이어진 청와대가 개입한 공천파동에서 비롯되었다.

집권세력 내부의 분열이 총선 패배로 이어져 의회권력을 상실하고 마침내 야당이 국회의장직을 차지했다. 이 순간에 이르러서 청와대는 민심 수습에 전념했어야 함에도 불구하고 권력에 안주한 결과 탄핵의 빌미를 제공한 셈이다. 2024년 총선거에서 참패한 집권세력이 제대로 대응하지 못하여 결국 탄핵 정국에 이른 점도 이와 유사하다. 이는 현실의 탄핵 여부와는 전혀 다른 별개의 문제이다. 실제로 탄핵소추 사유 중 하나로 적시된 박 대통령의 '불성실한 직무수행'에 대해 헌재는 탄핵 사유가 되지 않는다고 판시했다. 하지만 이는 위헌·위법의 문제는 아니라고 해도 오히려 정치적으로는 치명적인 독약이었다.

노무현·박근혜 탄핵은 대통령이 행한 일련의 정치적 행위의 결과물이 쌓여 탄핵에 이른 것이다. 윤석열 정부에 대해 더불어민주당이 헌법상 예외적·비상적 제도인 탄핵소추와 국무총리·국무위원 해임건의를 남발한 것은 사실이지만 그렇다고 이들이 직접적으로 탄핵을 촉발한 것은 아니다. 윤 대통령의 탄핵은 <u>스스로</u>가 자초한 점에서 앞의 탄핵과 분명한 차이를 드러낸다.

이번 탄핵은 헌정사에서 수많은 '최초'라는 기록을 남긴다. 아무도 예측하지 못한 어느 날 밤 불시에 발동한 비상계엄 선포, 두 시간 만에 국회의 계엄 해제 요구에 따라 다섯 시간 만에 계엄 해제, 현직 대통령이 헌법 제84조의 형사상 불소추특권을 배척하는 내란 우두머리(수괴) 혐의로 구속, 구치소 수감, 52일 만에 구속 취소로 석방되어 관저 복귀, 대통령 권한대행인 총리에 대한 탄핵소추 의결, 부총리의 대통령 권한대행, 구속 상태에서 공수처와 서울중앙지법 법정에 이어 헌재에 대통령 직접 출석, 사상 최장기간 헌재 심리 등등.

무엇보다 대한민국호에 치명적인 것은 극심한 민심 분열에 따른 찬탁과 반탁의 극한 대결이다. 그 과정에서 반전과 반전을 거듭한다. 국민 여론에 힘입은 민주당의 과속이 평지풍파를 일으켰다. 문제해결 방식은 심플하다. 탄핵소추 사유를 간단명료하게 하는 것이다. 대통령의 비상계엄 발령은 비록 통치행위의 일종이긴 하지만 헌법 제77조에서 요구하는 비상계엄 발동 요건을 위배한다는 점, 그리고 비상계엄 포고령 제1호 제1조에 있는 국회의 권한에 대한 침해만 적시하면 된다.

그런데 난데없이 1차 소추안에는 한미일 동맹에 기초한 대통령의 가치동맹 외교정책까지 탄핵소추 사유로 제시하는 우를 범했다. 더 나아가 내란혐의를 넣음으로써 내란 우두머리, 즉 수괴라는 프레임을 가져다 붙었다. 결국 탄핵소추는 비상계엄 때문에 한 것인데 비상계엄은 뒷전으로 밀리고 내란 여부에 관한 논쟁으로 주객이 전도된 양상을 보여 주었다. 아마도 민주당으로서는 내란죄를 소추 사유에 넣음으로써 헌법 제84조 대통령의 형사상 특권을 원천적으로 배제하는 효과를 노린 것으로 보인다. 실제로 대통령을 내란혐의로 소추함으로써 민주당의 장외투쟁 과정에서도 내란 수괴 또는 내란 우두머리가 가장 강력한 대국민 홍보 효과를 거둔 것도 사실이다. 그러나 국사범인 내란죄 확정까지는 기나긴 형사법정이 기다리고 있다.

요컨대 대통령 탄핵은 비상계엄만으로 충분했는데 논점만 흐려졌다. 정작 심판 과정에서는 스스로 내란을 제외했다. 그런 점에서 탄핵에 내란혐의는 치명적 오점을 남겼다.

헌재 결정의 핵심 조건

헌재 결정이 지체되고 있다. 이에 시중에는 탄핵 인용과 기각 또는 각하까지 다양한 견해로 설왕설래한다. 헌재는 그간 쟁점별 爭點別 합의제가 아니라 주문별 主文別 합의제를 채택한다. 즉, 논쟁적 사안에서 개별적인 쟁점별로 표결하는 것이 아니라 결론에 초점을 맞추어서 전체적으로 표결하여 주문으로 위헌 여부 또는 인용 여부를 결정한다. 달리 말하면, 쟁점별로 합헌·위헌 또는 인용·기각 등 여러 가지 견해가 있을 수 있지만 결론은 이를 종합하여 주문으로서 인용 여부를 결정한다는 취지이다.

앞에서 언급한 것처럼 노무현·박근혜 전 대통령 탄핵 사건에서도 일부 쟁점에서는 기각도 하고 반대로 인용도 했지만 주문에서 최종적으로 노 대통령은 기각, 박 대통령은 인용을 판시한 것이다. 〈헌법재판소법〉, 〈민사소송법〉, 〈법원조직법〉 등 관련 조문을 종합하여 헌재는 다음과 같이 주문을 내린다. 즉, 여러 가지 의견 중에서 어느 의견이 결정정족수에 이르지 못한 경우에는 당사자에게 유리한 견해에 순차로 다음 견해를 더하여 결정한다.

따라서 이번 탄핵 사건에서 그 어떤 경우라도 인용 의견이 6인 이상이 되지 않으면 이는 기각 또는 각하될 수밖에 없다. 달리 말하면 재판관 8인 중에서 만약 인용 의견이 6인 미만이고, 기각 또는 각하 의견을 합하여 3인 이상이라면 탄핵은 인용될 수 없는 것이다. 즉, 탄핵 사건에서 인용 또는 기각·각하 숫자가 어느 쪽이 더 많으냐는 문제가 아니라 인용이 6인 이상이어야 한다는 점이 핵심이다. 특히 위헌법률심판에서는 일부 위헌이나 헌법불합치와 같은 변형 결정이 가능하지만, 탄핵심판에서는 이와 같은 변형 결정이 불가능하다. 오로지 인용이냐 아니냐만 있을 뿐이다.

탄핵 인용 여부와 관련하여 갖가지 이론과 학설들이 난무하면서 전 국민이 헌법학적 소신을 피력하는 상황이다. 심지어 헌재 결정정족수를 두고서도 논쟁이다. 탄핵심판 과정에서 국민들의 헌법 지식을 고양시킨 점에서 계엄령이 아니라 '계몽령'이라는 변론도 제기되었다. 그러나 그 어떤 경우에도 다시는 주권자를 상대로 한 이런 식의 계몽이 있어서는 안 된다.

- 〈아주경제〉, 2025. 3. 19.

국론 분열을 넘어서

갈라진 나라, 무엇이 문제인가?

넉 달째 이어진 비상계엄 후유증이 온 나라를 찢어 놓았다. 대통령은 수감 상태에서 탄핵심판에 직접 출석했다. 헌재는 탄핵심판을 속도전으로 밀어붙이다가, 변론 종결 후 한 달이 흐르고 '4일 선고'를 발표했다. 특별한 논점도 없는 방송통신위원장 탄핵 때 인용과 기각이 4 대 4로 갈렸을 때 재판관들의 성향이 드러났다. 광화문, 여의도를 거쳐 전 국민이 찬탄·반탄으로 갈라졌다. 갈등은 헌재 결정 전보다 나아지지 않았다. 그 순간 헌재의 존재이유인 분쟁 해결을 통한 정치적 평화와 사회적 통합 기능은 사라진다.

대통합의 길은 없는가? 평생을 헌법학자로 살아온 저자는 국민들께 속죄하는 심정으로 대통합의 길을 제시하고자 한다. 자유민주주의 국가에서 병력을 동원한 비상계엄은 외견상 위헌 소지가 크다. 그런 점에서 탄핵 인용이 헌법 원칙에 충실할 수 있다. 그러나 31번의 탄핵소추 발의, 10번의 탄핵심판 기각, 국무총리 해임건의에서 드러나듯 국정 운영에 발목을 잡은 거대 야당도 비상계엄 촉발 책임에서 벗어날 수 없다. 더구나 언제 재판이 끝날지 모르는 내란죄 혐의로 현직 대통령의 형사불소추 특권을 무력화시키고 구속으로 이끌었다. 막상 탄핵소추 사유의 양대 축인 비상계엄과 내란죄 중에서 내란죄를 탄핵심판에서 제외시켰다. 중대한 탄핵소추 사유 변경은 국회에서 재의결돼야 마땅하다. 내란죄가 문제 되니 내란혐의로 얼버무린다. 다른 한편 헌정사상 처음으로 국회의 계엄해제 요구에 대통령은 즉각 응하였다. 그런 점에서 내란은 미수에 그친 셈이다. 그러니 탄핵 기각 또는 각하도 얼마든지 논리 전개가 가능하다.

국민 대통합의 길

헌재 결정 이후 이반된 민심과 분열된 국론을 종식시킬 방책은 무엇인가? 첫째, 정치 지도자들의 대타협 없이는 불가능하다. 대통령과 여야 지도자들이 헌재 결정에 승복하겠다고 선언해야 한다. 둘째, 미래가 없는데 누가 승복하겠는가? 그러므로 탄핵이 인용되면 정치적 대타협을 통해 지난 수년간 켜켜이 사법의 장으로 내몰린 대통령과 여야 정치인 문제를 모두 털고 가야 한다. 물론 법치주의 훼손이라고 큰 반대에 부딪칠 것이다. 그렇다고 언제까지 이미 정치화된 검찰과 법원만 쳐다보고 있을 수는 없지 않은가. 셋째, 탄핵이 기각이나 각하되면 대통령 쪽에서 대타협 안을 제시해야 한다. 헌재 최후진술에서 밝힌 대로 87년 체제를 종식시키고 제7공화국을 여는 개헌을 단행해야 한다.

개헌 방향은 큰 틀에서 이미 정해졌다. 국민들은 대통령 직선을 원한다. 국회 다수파도 국정에 참여해야 책임정치 구현이 가능하므로 국회에 내각불신임권을 부여해야 한다. 명칭은 정대철 대한민국헌정회장이 제시한 권력분산적 대통령제든 유럽에서 일반화된 이원정부제든 관계없다. 개헌은 빠를수록 좋다. 올해 안에 끝내야 한다. 새 헌법에 따라 대선을 실시해야 한다. 체제 파탄으로 국회도 신뢰를 상실했다. 국회의원 총선거도 함께 실시하는 게 순리다.

국가를 나락으로 내몬 정치인들은 국민 앞에 석고대죄해야 한다. 전 세계를 혼돈으로 내모는 트럼프 시대에 국정의 중심을 다 잡아야 할 시기이다. 더 이상 국론 분열은 안 된다. 국민들도 갈라치기를 일삼는 SNS에 현혹되지 말고, 이제 하해와 같은 마음으로 용서하고 아량을 베풀자. 대통합의 신기원이 전개될 수 있도록 위대한 대한민국을 위해 다 같이 기도하자.

- 〈한국일보〉, 2025. 4. 2.

개헌과 정치개혁의 시대로

헌법으로 대통령을 심판하다

대통령 윤석열에 대한 탄핵심판은 노무현·박근혜 전 대통령의 탄핵 일정을 훨씬 뛰어넘는 긴 여정이었다. 그만큼 논란도 많았다. 77년 대한민국 헌정사를 새로 써야 할 정도로 초유의 일들이 속출했다. 자유민주주의 국가에서 그 유례를 찾기 어려운 세 번째 대통령 탄핵에 헌정은 중단되었다. 헌법재판소는 2025년 4월 4일 탄핵심판 선고에서 "군경을 동원해 국회 등 헌법기관을 훼손하고 국민의 기본적 인권을 침해해 헌법수호 의무를 저버렸다"며 "국민의 신임을 배반한 것으로 용납될 수 없는 중대한 법 위반행위"라고 판시했다. "경고성·호소용 계엄이었다"는 대통령의 주장은 철저하게 배척되었다.

8 대 0 전원일치. 먼저 심판 과정에서 극심한 가슴앓이를 감내

한 재판관들에게도 존경과 위로를 보낸다. 다만 재판을 너무 서둘렀다는 비판은 겸허하게 받아들여야 한다. 실체적 정의도 중요하지만 절차적 정의부터 다잡아야 국민 수용성이 높아진다. 결정문 발표에서도 시간상으로 보나 절차상으로 보나 탄핵의 출발점인 비상계엄 선포 절차부터 논의하는 것이 바람직했다. 즉, 국무회의 소집, 의결, 관계 국무위원과 총리의 부서 존재 여부 등을 먼저 판단했으면 더 좋았을 것이다.

비상계엄 선포행위 그 자체는 통치행위다. 그러나 통치행위도 헌법상 요건은 갖추어야 한다. 1993년 김영삼 대통령이 발령한 '금융실명거래를 위한 긴급재정경제명령'에 대한 위헌소원에서 헌재는 이를 분명히 한 바 있다. 이번 비상계엄은 헌법 제77조에서 규정하고 있는 '전시 사변 또는 이에 준하는 국가비상사태'라는 요건을 '현실적으로' 전혀 충족하지 못했다.

더 나아가 비상계엄 이후에 내려진 포고령 등 명령은 헌법과 계엄법에 따라 발령된 것이므로 사법심사의 대상이다. 계엄사령관이 내린 포고령 제1호 제1조는 국회의 권한을 제한했다. 이는 위헌·위법이다. 특히 헌재는 계엄군의 국회 진입 과정에서 위대한 국민들의 저항과 군대·경찰의 소극적 대응을 분명히 적시했다. 따라서 계엄의 주모자를 제외하고 군경 관계자 등 사법처리로 어려움을 겪고 있는 이들에게 "하해와 같은 마음으로 용서하고 아량을 베풀자." 법의 온정으로 국민 통합에 기여하기를 바란다.

헌재는 국회의 탄핵소추 사유에 명시된 대통령의 내란행위에 대해서도 간접적으로 판단한다. 탄핵 찬성의 화두는 '내란 우두머리(수괴) 윤석열 파면'이었다. 내란 우두머리는 분명히 강렬한 울림을 준다. 그렇지만 내란죄 확정 판결은 법원의 3심을 거쳐야만 가능하다.

하지만 헌재는 논란의 대상이었던 계엄 선포 당시 주요 정치인·법조인 등의 위치를 확인하려 시도했다는 점도 사실로 인정했다. 대통령을 명시하지는 않았지만 "국방부 장관은 필요시 체포할 목적으로 국군방첩사령관에게 국회의장, 각 정당 대표 등 14명의 위치를 확인하라고 지시했다"고 결정문에 적었다. 즉, 국가 주요 인사, 특히 전·현직 최고위법관 등에 대한 체포명령이 실제로 존재했음을 인정하면서 특히 사법권 독립에 대한 중대한 침해라고 보았다. 유언비어의 온상이던 선거부정 주장은 철저히 배척되었다. 그런 점에서 헌재는 명시적으로 적시하지는 않았지만 사실상 내란행위로 나아간 점을 인정한 셈이다.

'탄핵의 시간'은 가고, '정치의 시간'이 오다

대통령이 사라진 자리에 거대 야당이 정치의 중심축에 선다. 헌재는 비록 탄핵을 전원일치로 인용했지만 동시에 탄핵을 촉발시킨 거대 야당에 대해서도 의회민주주의의 복원을 엄중하게 경고했다. 대화와 타협 그리고 협치만이 민주공화정을 수호하는 길임을 분명히 판시한다. 애먼 국민들은 정치 지도자를 잘못 뽑은 죄로 엄동설한에 풍찬노숙을 마다하지 않았다. 특히 탄핵에 반대한 국민들은 아쉽기 마련이다.

이제는 양극단의 시대를 끝내고 통합의 시대를 열어야 한다. 탄핵 과정에서 드러난 모든 시시비비는 역사에 묻고 새로 출발해야 한다. 지금이야말로 합법성에 매몰되기보다는 대한민국의 미래를 위해 국가이성 Raison d'Etat을 숙고할 때다. 일제강점기, 민족 분단과 전쟁을 거치면서도 세계의 모범국으로 우뚝 선 국민의 저력을 보여 줄 때다. 국제통화기금 IMF 환란을 최단 기간에 극복한 저력을 발휘해 파탄 난 정치로부터 국민과 국가를 구원해야 한다.

탄핵의 시간은 가고 정치의 시간이 왔다. 선고 후 60일 이내에 대통령 선거를 실시해야 한다. 탄핵에 따른 여진이 대선까지 이어져서는 안 된다. 깨끗한 한판 승부로 새 정부가 출범해야 한다. 무엇보다 새 대통령은 파탄에 이른 '87년 체제'를 끝내야 한다.

역대 대통령들은 대선 과정에서 개헌을 공약하고도 정작 취임하고 나면 개헌에 관심이 없다가 임기 말에 이르러 개헌을 주장한다. 이번에는 달라야 한다. 대선 공약을 취임과 동시에 실천에 옮겨야 한다. 가능하면 올해 안에, 늦어도 내년 지방선거까지는 개헌을 해야 한다.

위대한 제7공화국 출범을 위해 다 함께 힘을 모아야 한다. 제왕적 대통령제를 극복하기 위해 권력구조에 변화가 필요하다. 여소야대 정국에서 헌법상 비상적·예외적 상황에 대비한 제도인 국무총리·국무위원 해임건의, 탄핵소추, 법률안 거부, 비상계엄이 오히려 일상적이고 보편적인 제도로 작동했다. 국민들은 대통령직선제를 원한다. 그렇다면 국회에 내각불신임권을 부여해 국정에 참여하도록 해야 한다. 대통령과 국회의 신임을 받는 내각이 정부 안에서 조화롭게 작동되어야 한다. 대통령은 국가원수로서 국가와 국민의 미래를 위해 침잠하면서 국민 통합을 이끌어가는 지도자여야 한다. 국가의 존립과 안전에 직결되는 국방·외교 그리고 민족의 숙원인 통일은 대통령의 몫이다. 그러나 국내 정치는 내각과 국회의 장으로 돌려야 한다.

대의민주주의 현장인 국회에 힘을 실어 주는 대신 국회도 개혁해야 한다. 스스로 개혁하지 못하면 외부에서 힘을 가해야 한다. 국회와 국회의원이 누리는 갖가지 특권 폐지는 정치개혁의 출발점이다. 면책특권·불체포특권은 폐지돼야 한다. 단원제 국회의 상상력에 기초한 '난폭 운전'을 제어하기 위해 이성에 기초한 상원이 필요하다. 상원은 소멸 위기에 처한 지역을 대표하고 통일 시대에 국민 통합을 위해 꼭 필요하다.

세계에서 그 예를 찾기 어려운 국정감사도 폐지해야 한다. 정권교체가 일상화된 상황에서 국정감사는 의원들의 '연례 놀이터'로 전락하고 정부를 마비시킬 뿐이다. 극단적 양극화를 극복하고 자유민주주의의 다원성을 확보하기 위해 상대적 다수대표제 대신 전면적인 권역별 비례대표제를 도입해야 한다. 이제 국회의원이 지역구를 챙기는 일은 지방자치로 넘기고 진정한 국익의 대변자로 헌신해야 한다. 이 정도의 개헌이라면 국회 법정단체 대한민국헌정회에서 제시한 개헌안에도 다 나와 있다.

조금만 숙의 과정을 거치면 충분히 해낼 수 있다. 절제와 자제를 잃어버린 정치권에 대한 경종은 결국 주권자인 국민의 몫이다. 살아 있는 주권의식만이 이 난국을 타개하고 새로운 대한민국을 건설할 수 있다.

- 〈서울경제〉, 2025. 4. 4.

자유민주주의 새 이름 쓰자

자유민주주의의 새로운 장을 열다

탄핵심판은 두 개의 모델로 나뉜다. 미국식 민주주의 모델은 하원에서 소추하고 상원에서 의결한다. 사법부가 개입하지 않는다. 독일식 입헌주의 모델은 의회가 소추하고 연방헌법재판소가 심판한다. 하지만 미국이나 독일 모두 역사상 대통령이나 총리가 탄핵된 사례가 없다. 그만큼 탄핵제도는 예외적·비정상적 상황에 대비한 제도임을 역사가 증명한다.

그런데 77년 대한민국 헌정사에서 대통령이 세 번이나 탄핵당했다. 안타깝고 수치스럽다. 남미나 아프리카에서도 볼 수 없는 헌정 파탄이다. 과거 권위주의 시절에 생각지도 못했던 대통령 탄핵이 1987년 민주화 이후에 헌법과 법률이 정한 절차에 따라서 정상적으로 작동한 점이 유일한 위안거리다. 그간 헌법재판소는 한국적 자유민주주의를 정립하는 데 결정적인 기여를 했다는 점에서 산업화와 민주화에 이어 제3세계 국가에 훌륭한 수출품이라고 자부해 왔다. 정치적 소용돌이에 휩싸였던 그 헌재가 '자유민주주의를 향한 여정'에 새 장을 열었다.

'8 대 0 판결' 무엇을 기준으로 삼았나?

노무현·박근혜 대통령 탄핵 일정을 훨씬 뛰어넘는 111일의 긴 여정이었다. 그만큼 논란도 많았다. 대행의 대행 체제에서 다시 권한대행 체제다. 국가원수의 부재 상태에서 정상적 헌정 운용은 불가능하다. 탄핵을 촉발한 것은 비상계엄 선포다. 그런 점에서 탄핵심판은 비상계엄과 그에 따른 일련의 조치가 핵심이다. 대통령의 국가긴급권 발령에 대한 사법심사 가능성과 그 한계, 두 번의 선례가 있는 대통령 탄핵이 참고 사례다. 그런데 노무현 탄핵은 공무원의 정치적 중립의무 위반이고, 박근혜 탄핵의 핵심은 부정부패다. 윤석열 탄핵은 국가긴급권 발동에서 비롯되어 사안의 실체가 다르다. 무엇보다 헌법재판관들의 노고는 역사에 길이 기억될 것이다.

하지만 옥에도 티가 있는 법, 진행 과정과 논증에 대하여 소추인·피소추인 또는 재판관의 입장에서 소회를 피력한다.

첫째, 저자가 재판관이었다면 인용 결정문은 쉽게 작성할 수 있겠지만 기각은 논리 전개에서 심각한 한계에 봉착했을 것이다. 오랜 심리 후 각하는 더욱더 불가능하다. 그만큼 탄핵은 인용될 수밖에 없었다는 점을 방증한다. 그럼에도 헌재가 일부 논점에서 보충 의견이 제시되었을 뿐 개별 논점에서도 반대 의견 부재는 아쉬움을 남긴다. 앞선 두 대통령 사건에서 개별 논점에서는 사실상 반대 의견이 제시되었다. 오랜 평의 과정에서 많은 논쟁이 불붙을 터인데도 전원일치(8 대 0)로 헌재의 정치적 평화와 사회적 통합 기능을 유감없이 발휘했다. 국무총리(인용 1 대 기각 5 대 각하 2)·방송통신위원장(인용 4 대 기각 4) 탄핵에서는 극단적 대립을 표출했다. 하지만 대통령 탄핵에서는 결정문 곳곳에 국회 다수파에 대해 비판을 가하면서도 온갖 억측을 뛰어넘어 극적으로 승화시켰다.

둘째, 무엇보다 쟁점을 단순화하지 못했고, 사실관계와 법리관계 판단에서 아쉬움이 남는다. 비상계엄 선포와 포고령 1호 발령 이외에 국회 군경 투입, 중앙선관위 압수수색 시도, 정관계 인사 및 법조인 위치 확인 시도 등은 각기 별개의 주요 논점이 아니라 비상계엄령과 포고령을 현실적으로 구현한 구체적 사실 확인에 불과하다. 탄핵을 촉발한 비상계엄에 모든 초점을 맞추어야 한다. 나머지 사항은 비상계엄에 따른 부수적인 쟁점일 뿐이다. 헌재는 설립 초기에 청구인이 주장하는 모든 쟁점에 대하여 일일이 판단했다. 하지만 이는 불필요한 시간과 노력의 낭비이므로 이제 경합 이론에 따라 당해 사안에서 꼭 필요한 핵심적인 쟁점만 판단한다. 물론 탄핵심판이 위헌법률심판과 같을 수는 없다. 그렇더라도 모든 쟁점을 다 판단할 필요는 없다. 또 판단하더라도 최소한에 그쳐도 그만이다. 부수적 사항에 대한 판단이 자칫 판단의 몸체를 오염시킬 수 있기 때문이다.

셋째, 탄핵심판에서 실질적 적법절차보다는 형식적 적법절차를 먼저 논의하는 게 순리다. 즉, 비상계엄 발령 절차에 대한 판단을 우선해야 마땅하다. 비상계엄을 위한 국무회의 소집·심의에 관한 국무회의의 필수적 심의사항과 국무회의 규정, 대통령의 국법상 행위에 대한 관계 국무위원과 총리의 부서 등 헌법과 법률이 요구하는 요건을 갖추었는지 여부를 먼저 판단해야 한다. 국회의 계엄 해제 요구에 따른 절차, 즉 국무회의 심의에 이은 대통령의 해제 등 절차를 제대로 지켰는지 여부도 마찬가지다(헌법 제77조, 제87조, 제82조).

넷째, 실체적 요건인 비상계엄령의 법적 성격, 헌법상 요구되는 요건을 실질적으로 충족하는지 여부에 관한 논쟁이다. 헌법이 명시한 국가원수의 국가긴급권 발동은 이른바 통치행위이다. 그러나 통치행위라고 하더라도 헌법이 요구하는 실체적 요건을 갖추었는지 여부에 관한 판단은 헌재의 몫이다. 1993년 김영삼 대통령이 발령한 '금융실명거래 및 비밀보장에 관한 긴급재정경제명령'에 대한 위헌확인 사건이 참조 대상이지만 이는 경제 문제에 한정된다는 점에서 결정적인 차이가 있다.

헌재는 헌법 제76조의 '중대한 재정·경제상의 위기'라는 요건을 매우 느슨하게 판단한다. 즉, 긴급한 시기에 "목적을 달할 수 없는 경우에 이를 사후적으로 수습함으로써 기존 질서를 유지·회복하기 위하여" 위기의 직접적 원인의 제거에 필수불가결한 "최소의 한도 내에서 헌법이 정한 절차에 따라 행사"되었다고 판시한다. 이 사건에서 헌재는 통치행위와 헌법상 요건에 대한 사법심사의 조화를 도모한 것으로 평가할 수 있다. 그런데 윤 대통령 탄핵 반대 입장에서는 비상계엄 발령을 통치행위론에 입각하여 이를 사법심사의 대상으로 삼아서는 안 된다는 점을 강조한다.

그 점에서 헌재가 통치행위에 대한 사법심사의 강도, 즉 엄격심사냐 완화심사냐 등에 대한 설시가 빈약하다는 점을 지적하지 않을 수 없다. 비상계엄의 실체적 발령 요건인 "전시·사변 또는 이에 준하는 국가비상사태"에 대하여 헌재는 "객관적으로 정당화할 수 있을 정도의 위기 상황이 계엄 선포 당시 존재하였다고 볼 수 없고" "국회의 권한 행사로 인한 국정 마비 상태나 부정선거 의혹은 정치적·제도적·사법적 수단을 통하여 해결하여야 할 문제이지 병력을 동원하여 해결할 수 있는 것이 아니다"라고 판시할 뿐이다.

재판관 개별 반대의견 냈더라면

 다섯째, 비상계엄령에 따라 계엄사령부 포고령 제1호가 발령되었다. 비상계엄은 경비계엄보다 제한이 훨씬 더 심각한 데도 비상계엄지역 및 계엄사령관을 적시에 발표하지 않았다. 포고령은 비상계엄령과 달리 엄격히 헌법과 법률 위배 여부에 대한 사법심사의 대상이다. 특히 제1조는 국회의 정치활동을 금지했다. 비상계엄이 선포되면 "정부나 법원의 권한에 관하여 특별한 조치를 취할 수 있다"(헌법 제77조 제3항). 그러나 국회의 권한에 대하여는 어떤 제한도 불가능하므로 포고령의 위헌성은 불가역적이다. 또한 계엄은 '병력으로써' 한다. 군대가 국회에 진입하여 국회의 정상적 기능에 제한을 가한 점은 명백하고 객관적 사실이다.

 여섯째, 심리 과정에서 진행 절차의 성숙성과 실체 판단에도 여운이 남는다. 증인심문 절차도 조급하게 진행되었고, 심지어 초시계까지 동원되는 진풍경이 연출되었다. 탄핵소추의 또 다른 몸통은 내란죄다. 내란죄의 성립 여부는 법원의 재판 결과에 따라 최종적으로 결정된다. 헌재는 심리 과정에서 소추인과의 합의에 따라 내란죄 부분은 배제했지만 보다 더 신중하게 대응했어야 한다. 정작 헌재는 실질적으로 내란혐의를 판단하고 사실상 이를 인정한다. 그와 관련된 구체적 사항의 하나인 군대의 중앙선관위 진입은 명백한 사실이다. 비상계엄 발령 이유 중 하나인 이른바 '선거부정'은 SNS에 떠도는 유언비어에 불과하다는 사실이 이미 법원의 최종 판결로 결론이 난 사안이다.

문제는 정·관계 주요 인사 및 법관에 대한 위치 확인을 실체적 진실로 인정한 점이다. 하지만 이는 서로의 주장이 상반되는 사항이기 때문에 굳이 판단할 필요가 없다. 개정 〈형사소송법〉의 적용 여부, 전문 법칙의 엄격한 적용 여부 등 불필요한 논쟁은 피했어야 한다. 탄핵심판은 형사재판이 아니다. 또한 대통령 측 주장에 대하여 여섯 차례에 걸쳐서 '믿기 어렵다'면서 특전사령관 등의 증언에 명확한 신뢰를 보인다. 국회도 법제사법위원회의 조사 절차를 거쳐 좀 더 진중하게 탄핵소추사유를 정리했어야 마땅하다. 탄핵소추안의 반복 발의 가능성을 열어 주었다는 점에서 보충 의견은 존중되어야 한다. 심지어 1차 소추사유에서 가치외교까지 거론된 것은 두고두고 논란을 자초한다.

일곱째, '경고성·호소형 계엄'이라는 대통령의 주장은 철저하게 배척되었다. 헌재는 "군경을 동원해 국회 등 헌법기관을 훼손하고 국민의 기본적 인권을 침해해 헌법 수호 의무를 저버렸다"며 "국민의 신임을 배반한 것으로 용납될 수 없는 중대한 법 위반 행위"라고 판시한다. 박근혜 사건에서 '국민의 신임을 배반'했다는 표현이 다시 등장한다. 우리 헌법은 민주공화국에서 주권재민의 '국민주권주의'를 법적·이념적 기초로 한다(제1조). 그런 점에서 '국민의 신임 배반'이라는 비법적인 표현보다는 '국민주권주의 원리에 어긋난다'는 표현이 더 적절하다. 더 나아가 우리가 추구하는 민주주의는 자유민주주의임을 분명히 했으면 더 좋았겠다.

여덟째, 탄핵, 특히 대통령 탄핵제도에 대한 근본적인 성찰도 필요하다. 탄핵소추만 되면 무조건 직무가 정지되어야 하는지, 탄핵심판이 다른 심판과 마찬가지로 180일까지 가야 하는지 등이 그것이다. 헌정 불안 해소는 빠를수록 좋다. 집중심리로 90일 이내에 종결해야 한다. 탄핵 과정에서 헌법재판관 임명 문제가 법적·정치적 논란이 되었다. 고위공직자 인사에 정당이 개입하는 것은 바람직하지 않다. 헌법재판관도 독일식으로 의회 3분의 2 이상 찬성으로 임명하는 것이 바람직하다.

분열의 강 넘어 권력의 균형 찾을 때

탄핵 초기에 국민의 지지가 80%에 이르다가 찬탄 50% 대 반탄 30%로 국론이 양극화되었다. 다행히 결정 이후 승복하는 성숙한 민주시민 의식을 보여 주었다. 국회가 신속하게 비상계엄 해제 요구를 결의할 수 있었던 것은 시민들의 저항과 군경의 소극적인 임무 수행 덕분이다. 이제 위대한 대한민국을 위해 미래로 나아가야 한다. 탄핵으로 야기된 소모적 논란과 분열을 국민 통합으로 승화시켜야 한다. 탄핵의 강을 넘어 더 이상 상대방을 악마화해서는 안 된다. 하해와 같은 마음으로 용서하고 아량을 베풀자. 대통령의 딸에서 날개 없는 추락, '사람에게 충성하지 않는' 공정과 상식의 몰락은 대통령제의 숙명인가? 박근혜 수사팀의 침몰은 새옹지마塞翁之馬 같은 업보인가?

지금이야말로 국가원수 탄핵이라는 오욕의 역사를 청산하기 위해 권력의 균형과 절제를 구현하는 개헌의 최적기다. 헌정 파탄을 초래한 대통령의 파면과 더불어 국회 다수파의 독주에 대해 "소수의견을 존중하고 정부와의 관계에서 관용과 자제를 전제로 대화와 타협을 통하여 결론을 도출하도록 노력했어야 한다"는 판시는 새 헌법의 핵심 덕목이어야 한다. 대통령과 국회가 권력을 함께하는 '나눔의 미학'을 구현하는 헌법만이 대한민국을 구원할 유일한 타개책이다. 우원식 국회의장의 대선·개헌 동시투표 제안은 헌정 회복과 안정을 위한 나침반이다.

- 〈아주경제〉, 2025. 4. 8.

헌정 위기, 선택의 기로에서

법의 저울, 다시 흔들리다

백화제방百花齊放, 신록의 계절 5월 첫날, 한국 헌정은 소용돌이 속으로 빠져든다. 오후 3시 대법원 전원합의체는 더불어민주당 대통령 후보이자 여론조사 1위를 달리는 유력한 차기 대통령인 피고인 이재명의 〈공직선거법〉상 허위사실유포죄에 대한 선고공판에서 전부 무죄판결을 내린 제2심 판결을 뒤집고 일부 무죄·일부 유죄 취지로 파기환송한다. 대통령 윤석열 탄핵심판에서 헌재의 8 대 0 전원일치 인용과 달리, 10 대 2 판결이다. 2명의 대법관은 반대 의견에서 제2심 판결과 같이 전부 무죄를 설시한다.

대법원의 법정 의견은 다음과 같다. 후보자의 표현의 자유보다는 선거의 공정성에 중점을 두며, "표현의 의미는 후보자 개인이나 법원이 아닌 일반 유권자의 관점에서 해석해야 한다." "발언이 이루어진 당시의 상황과 발언의 전체적 맥락에 기초하여 일반 유권자에게 발언의 내용이 어떻게 이해되는지를 기준으로 살펴보아야 한다." 이에 따라 "공직을 맡으려는 후보자가 허위사실을 공표할 때에는 일반 국민과 같은 정도로 표현의 자유가 허용될 수 없다." "선거인의 알 권리 등 헌법상 기본권 보장을 고려해 허위사실 공표 여부를 판단해야 한다."

이 사건에서 1심은 "유권자의 전체적 인상"을 중시해 징역 1년에 집행유예 2년을 선고했지만, 2심은 "표현의 자유와 피고인의 이익"을 강조하며 무죄로 뒤집었다. 대법원 판결은 1심 판결을 수용한 것으로 볼 수 있다. 이는 2020년 7월 이재명 후보의 〈공직선거법〉 위반 사건에서 대법원 전원합의체에서 내린 무죄 취지의 파기환송(7 대 5) 판시 사항과 그 궤를 달리한다. 이 사건에서 대법원의 법정 의견은 "단정하기 어려운 표현의 경우 원칙적으로 의견이나 추상적 판단을 표명한 것으로 파악해야 한다"는 기준을 제시한 바 있다.

헌정사상 초유의 권한대행 릴레이

한편 대법원 판결 불과 30분 후인 4시 서울정부청사에서 한덕수 대통령 권한대행 국무총리는 사퇴를 선언한다. 윤석열 대통령이 탄핵소추로 직무가 정지됨에 따라 2024년 12월 14일 대통령 권한대행에 취임했으나, 12월 27일 탄핵소추로 직무가 정지되었다가, 2025년 3월 24일 탄핵심판기각 결정에 따라 대행으로 복귀했다. 그러나 5월 1일 대선 출마를 위해 권한대행직을 사퇴한 것이다.

대법원 판결에 불만을 가진 민주당은 밤 10시에 국회 본회의를 열어 1일 자정부터 권한대행을 맡게 될 최상목 경제부총리에 대한 탄핵소추안을 상정했다. 윤석열 정부 출범 이후 31번째 탄핵소추안 발의이다. 법사위를 야당만으로 통과한 이후 본회의에서 표결에 들어가기 직전 최 부총리는 한덕수 권한대행에게 사직서를 제출하고, 탄핵소추안 표결이 진행되고 있는 시각에 권한대행은 사표를 수리한다. 한 권한대행은 이미 사의를 밝혔지만 자정까지 권한대행직을 유지하기 때문에 사직서 수리권이 있다.

이에 1일 자정 이후 이주호 교육부총리가 대통령 권한대행에 취임한다. 그러니까 한 총리, 최 경제부총리에 이어 대행의 대행에 이은 대행이 취임한 것이다. 사상 초유의 소용돌이 속에 국정은 혼란 속에 빠져들었다. 요약하면 다음과 같다.

5월 1일 오후 3시 이재명 유죄취지 파기환송 → 4시 한덕수 대행 사의 표명 → 10시 최상목 대행 예정자 탄핵소추안 국회 본회의 상정 → 탄핵소추안 표결 중 최상목 사퇴 → 자정 이주호 교육부총리 대통령 권한대행 취임.

혼돈의 대선 정국, 사법은 어디로 가는가?

여야의 '대선 놀이'에 헌정은 혼돈 상태에 빠졌다. 정부 여당은 대통령이 탄핵되고 그 대통령을 모시던 국무총리가 새 대통령 선출 때까지 국정을 안정적으로 운영하여 정권을 이양하는 것이 마땅하다. 그런데 선거의 최고관리자가 대선에 출마하기 위해 사직하는 게 말이 되느냐는 비난으로부터 자유로울 수 없다. 더구나 비상계엄을 막지 못한 책임으로부터 자유로울 수 없는 국정 제2인자가 자신의 안위를 위해 정치의 한복판에 직접 뛰어드는 형국은 그 어떤 변명으로도 합리화되기 어렵다. 비상계엄과 대통령 탄핵 인용에 대한 대국민 사죄가 먼저다.

대법원 판결 후과後果는 더 충격적이다. 야당은 대법원이 정치의 한복판에 뛰어든 사법 쿠데타, 사법의 정치화 완결판이라고 비난하면서 대법원장 탄핵안까지 논의한다. 반면에 여당은 판결에 따라 이재명 후보의 사퇴를 요구한다. 시각을 달리하여 보면 대법원은 이번 판결을 통하여 솔로몬의 지혜를 발휘하였다고 평가할 수도 있다. 〈공직선거법〉은 선거사범에 관한 한 신속한 재판, 즉 1심 6개월, 2심 3개월, 3심 3개월을 요구한다. 이는 강행규정이다. 그런데 2022년 9월 8일 공소 제기 후 1심 26개월, 2심 4개월이 걸렸다. "지체된 정의는 정의가 아니다." 1심 실형 일부 유죄, 2심 완전 무죄라는 반전을 거듭한 끝에 대법원은 사건 접수(3월 28일) 후 배당 당일 전원합의체 회부(4월 22일) 후 9일 만에 신속하게 결론을 내렸다.

대법원의 가능한 선택지는 세 가지다. 파기환송破棄還送, 파기자판破棄自判, 상고기각上告棄却. 대법원이 상고기각을 하기는 〈공직선거법〉상 허위사실 유포가 명백하다고 보기 때문에 이를 받아들일 수 없다. 판결 내용을 보면 파기자판을 해도 상관없을 정도로 유죄를 확신한다. 그럼에도 파기자판은 하지 않았다. 만일 파기자판을 하면 선고 형량이 문제된다. 100만 원 이상이면 피선거권이 적어도 5년 이상 박탈된다. 이 경우 유력 후보의 피선거권을 원천적으로 박탈하는 문제가 발생한다. 결국 파기환송으로 사건을 2심으로 돌려보냄으로써 다른 재판부에서 다시 한번 숙고의 시간을 가지도록 한 것이다.

다른 한편 대선이 불과 한 달 앞으로 다가와 있는 상황에서 대법원이 무작정 사건을 끌어안고 있을 수는 없다. 4월 27일 민주당 이재명 후보 선출 → 5월 1일 대법원 파기환송 → 5월 2일 한덕수 전 총리 출마 선언 → 5월 3일 국민의힘 김문수 후보 선출 → 5월 10~11일 후보자 등록 → 5월 12일~6월 2일 선거운동 기간 → 5월 29~30일 사전투표 → 6월 3일 본투표. 급박한 대선 일정상 대법원의 신속한 판결은 수긍할 수 있는 측면이 있다. 다만 현실적으로 2심에서 다시 심리하고 그에 따른 판결 및 이에 불복할 경우 대법원 상고 및 대법원 판결의 전 과정을 대선 전까지 종결하는 것은 불가능하다.

결국 대법원은 최종심이자 법률심의 입장에서 피고인의 위법 행위를 분명히 밝히는 효과를 거둔 반면에, 피선거권 박탈 여부에 관한 최종적인 판단은 유보하는 지혜를 발휘한 것이다. 이로써 적어도 대선 전 사법적 판단은 이번 대법원 판결로 사실상 종결되었다고 보는 것이 합리적이다. 만일 또다시 2심이나 대법원에서 속전속결로 판결을 내린다면 이는 야당의 주장대로 법원의 대선 개입이 된다.

대선 후 만약 피고인 이재명이 대통령에 당선된다면 이 재판을 어떻게 할 것인가? 여전히 논쟁적이다. 이 문제에 관한 한 헌법과 법률 어디에도 명시적인 규정이 없다. 대법원과 헌재를 비롯하여 그 어떠한 사법적 판단도 없었다. 오로지 학자들의 학설만 존재한다. 헌법 제84조는 "대통령은 재임 중 내란 또는 외환의 죄를 범한 경우를 제외하고는 형사상 소추를 받지 아니한다"라고 규정한다. 대통령의 형사상 특권은 외국 헌법에서도 널리 인정한다. 문제는 대통령 취임 전 저지른 범죄혐의로 재판을 받고 있을 경우에 대통령 취임 후 그 재판을 중지할 것이냐 아니면 계속할 것이냐에 관하여는 학자들의 학리해석도 나뉜다.

"대통령 취임 후 형사 재판은 중지돼야"

저자는 이미 오래전부터 이 문제에 대한 헌법학자로서의 소신을 밝힌 바 있다.[3] 대통령은 주권자로부터 직선되어 국민적 정당성을 가지고 있다. 그런데 국민들이 후보를 선택할 때 피의사실을 충분히 알고 있음에도 불구하고 그를 선택했다면 적어도 대통령 재임 중에는 형사재판을 받아서는 안 된다. 탄핵이 "직무집행에 있어서 헌법이나 법률을 위배한 때"로 한정되듯이 "직무와 무관한 취임 전 행위"로 인하여 대통령직이 박탈되어서는 안 된다.

　더 나아가 내란죄·외환죄와 같은 국사범國事犯도 아닌데 현직 국가원수가 재판정에 나선다는 것은 국정 안정뿐만 아니라 대외적으로도 국익에 전혀 도움이 되지 않는다. "즉 불소추 특권은 수사에서부터 재판에 이르기까지 모든 형사사법 절차에서 작동되어야 헌법규범의 실효성을 담보할 수 있다. 이런 해석이 대통

3　성낙인(2025), 《헌법학》(제25판), 법문사, 568쪽 이하.

령에게 형사상 특권을 부여한 헌법규범의 객관적 해석·목적론적 해석에 부합한다."[4]

미국의 트럼프 대통령은 대선 전 배심원의 만장일치 유죄평결을 받았다. 하지만 대통령에 당선된 후 검찰과 법원은 대통령직의 엄중함을 이유로 형사사법적 리스크를 해소해 주었다. 더 나아가 프랑스 헌법에서는 대통령은 재임 중 그 어떤 재판을 받지 않는다고 규정한다. 다만 대통령 퇴임 후 한 달이 지나면 재판이 재개된다(제67조). 사실상 대통령직선제를 채택하고 있는 이들 두 나라의 사법부 판단과 명시적 규정에 비추어 대통령 취임 후 모든 재판은 중지된다고 보아야 한다. 그렇지 않을 경우 이재명 후보가 만약 대통령에 당선된다면 여러 개의 재판을 받느라고 정상적인 국정 운영이 불가능하다.

다른 한편 검찰이 기소편의주의와 기소독점주의를 악용하여 야당 탄압 수단으로 기소권을 남용한다면 야당 후보는 대통령이 되더라도 대통령 재임 중에도 지속적으로 재판을 받고 심지어 대통령직이 박탈될 수도 있다. 이번 사건에서도 검찰이 제기한 기소 사유 중 2건은 1심·2심·3심 모두 무죄로 귀결되어 검찰의 기소권 남용의 일부가 분명히 드러난다. 또한 차제에 〈공직선거법〉 제250조 허위사실공표죄의 범주도 대폭 축소되어야 한다.

---

[4] 위의 책, 571쪽.

"후보자, 후보자의 배우자 또는 직계존비속이나 형제자매의 출생지·가족관계·신분·직업·경력·재산·행위·소속단체, 특정인 또는 특정단체로부터의 지지 여부 등에 관하여 허위의 사실을 공표하거나 공표하게 한 자"를 처벌한다(제1항). 학력은 "졸업 또는 수료 당시의 학교명"(제64조 제1항)을 기재해야 한다. 폐지되거나 개칭된 학교의 새 명칭을 사용하면 위반이다. 예컨대 금속공학과는 재료공학과로 통합 개칭되어 존재하지도 않는데 재료공학과로 표기할 경우, 구 경원대를 현재의 가천대로 기재하면 처벌된다. 그런데 왜 국민학교는 초등학교로 표기해야 하나.

정치권, 국민 신뢰 회복이 우선

이제 정치권은 조희대 대법원이 내린 고뇌에 찬 결론을 깊이 천착하여 최고법원의 판결을 비난하기보다는 선거를 통해 국민의 신임을 얻는 데 전념해야 한다. 누구나 법원의 판결에 불만이 없을 수 없다. 왜냐하면 재판 결과는 승소 아니면 패소, 유죄 아니면 무죄, 둘 중 하나일 뿐이지 반쯤은 있을 수 없기 때문이다. 법원 판결에 대한 불만은 얼마든지 표출할 수 있다. 그러나 결과에 승복해야만 사법적 정의가 구현될 수 있다. 국민에게 모범을 보여야 할 정치권부터 솔선수범해야 한다.

정리하면 다음과 같다. 민주법치국가의 구현을 위하여 대법원 판결은 최대한 존중되어야 한다. 향후 파기환송심에서 충분한 심리를 진행해야 한다. 일정상 대선 전에는 대법원의 최종 판결이 불가능하다. 대선 후 만약 피고인이 당선되면 재임 중에는 대통령과 관련된 모든 재판은 중단해야 한다. 물론 퇴임 후에는 즉시 재판이 재개되어야 한다. 향후 헌법개정 시에는 프랑스 헌법과 같이 재판 중단을 명시해야 한다. 더 나아가 〈공직선거법〉의 허위사실유포죄는 대폭 완화되어야 한다. 또한 검찰의 기소편의주의와 기소독점주의의 남용도 시정해야 한다.

— 〈아주경제〉, 2025. 5. 8.

이제는 승복의 지혜가 필요하다

갈등 종식을 위한 마지막 책무

"헌법재판소의 탄핵심판 선고일까지 남은 시간 안에 대통령뿐만 아니라 여야 정치권, 사회 각계각층 지도자들이 '헌법재판소의 결정에 승복하겠다'는 선언을 해야 한다. 더 이상의 유혈 사태는 없어야 하지 않겠는가."

윤석열 대통령 탄핵심판 선고일이 4월 4일로 예고된 가운데 성낙인 전 서울대 총장은 〈중앙일보〉와의 인터뷰에서 '유혈 사태' 가능성을 우려했다. 그는 "현재 대한민국은 탄핵 찬성·반대로 갈기갈기 찢어진 형국이다"며 "지금처럼 찬반 여론이 폭발적으로 맞서는 상황에선 정치인을 비롯해 학계·종교계 등에서 국가 원로들이 적극 승복 선언에 나서야 한다"고 강조했다.

2014~2018년 제26대 서울대 총장으로 재임한 그는 25년간 25판

을 발행한 《헌법학》의 저자다. 국내 헌법학계의 권위자로 통한다. 다음은 일문일답이다.

헌재가 어떤 결정을 내리든 양쪽 모두에서 불복하려는 움직임이 있다. 윤 대통령 구속 때 벌어진 서울서부지법 난입 사태의 재현도 우려된다.

이번 탄핵 국면에서 대한민국은 대통령 찬성·반대로 갈기갈기 찢어졌다. 1987년 마지막 헌법개정 뒤 이뤄진 네 차례 정권 교체 과정에서 보수·진보 양측 진영에 쌓였던 갈등이 총체적으로 분출된 것이다. 현행 대통령제에서는 정권 교체된 쪽에서 온갖 권력을 한꺼번에 잃었다고 느끼기 때문이다. 박근혜 대통령 탄핵일에는 반대 여론이 지금보다 약했는데도 사망자가 4명이나 나왔다. 이번 탄핵 선고 땐 유혈 사태나 폭동적인 상황은 없어야 하지 않겠나. 탄핵 찬성·반대 모두 나라가 잘되길 바라는 마음에서 하는 것 아닌가. 나라는 국민의 생명과 재산을 보호하기 위해 존재하는 것인데, 나랏일 때문에 선량한 시민이 희생돼서는 안 된다.

이런 사태 방지를 위해 가장 시급한 게 무엇일까?

대통령을 비롯해 여야 지도자가 나서서 탄핵에 승복할 것이라는 선언을 결정까지 남은 시간 안에 해야 한다고 본다. 물론 지금처럼 탄핵 찬반 여론이 폭발적으로 맞서는 상황에서는 어느 정치 지도자가 한마디 한다고 해서 해결될 것 같진 않다. 하지만 갈등을 최소화하기 위해 필요하다. 종교계 최고 지도자들을 비롯한 국가 원로들도 적극적으로 승복 선언을 위해 나서야 할 것이다.

불복하는 게 '국민저항권'을 행사하는 것이라는 주장도 나온다. 국민저항권은 헌법상 제도와 기능이 정상적으로 작동하지 않아서 국민의 자유와 권리가 심각하게 침해될 때, 주권자인 국민이 행사할 수 있는 최후의 무기다. 윤 대통령 탄핵의 경우 국민이 인준한 헌법적인 권한을 부여받은 헌재가 결정한다. 기각이든 인용이든 헌재가 헌법상 제도와 절차에 따라 내린 결론을 반대하는 것은 내란 선동 행위지, 결코 저항권일 수 없다.

제7공화국을 향하여

헌재 결정 뒤에도 야당 줄탄핵, 대통령 계엄은 언제든 재현될 수 있다는 지적도 있다.

1987년 개정된 헌법체제가 이제는 끝났다는 뜻이다. 30년 전 현행헌법상 대통령, 총리, 국회 다수파의 삼각관계를 중심으로 구현 가능한 헌정실제를 6개 모델로 소개한 적이 있다. 가설로 뒀던 마지막 여섯 번째는 단일 야당이 국회 다수파가 된 경우다. 이 가설이 지난해 현실화했다. 만약 여기에 적응했다면 87년 헌법체제가 생명력을 이어 갔겠지만, 여야 모두 여기에 적응하지 못했다. 그 뒤 비상계엄 사태가 벌어졌으니 새로운 출발이 필요하다. 헌법에 명시하지 않더라도 권력을 나눠 가져야 하는 상황이 된 것이다. 결국 개헌을 통해 제7공화국으로 가야 한다.

개헌은 어떤 방향으로 돼야 하나?

경우의 수를 탄핵심판 인용과 기각으로 나눠 보자. 만약 인용 결정이 내려지면 대통령은 그날로 파면되고 60일 이내 대통령 선거를 해야 한다. 그 기간 동안 여야 지도자가 새로운 공화국 헌법을 만들겠다고 선언해야 한다. 국민이 의원내각제를 원하면 대통령직선제가 없어지겠지만, 국민은 여전히 직선제를 원하고 있다. 그렇다면 권력분산적 대통령제 또는 이원정부제가 있다. 이원정부제는 의회 다수파로부터 지지를 받는 내각의 형태다. 국회에 내각불신임권을 주는 식으로 야당의 독주를 막는 것이다. 기각된 경우에도 마찬가지로, 대통령과 여야 수뇌부가 즉각 만나서 올해 안에 개헌하기로 논의해야 한다. 그렇지 않으면 나라가 내전 상태에 빠질 위험이 있다.

경찰·검찰·공수처 등 법 집행기관과 사법부에 대한 불신이 커진 것도 문제다.

나라 전체가 보수 아니면 진보로 나뉘었다. 48 대 52 아니면 49 대 51로 나뉘는 등 팽팽하다. 그런 상황에서 이념적 지향이 강해질 수밖에 없는 사건을 만들게 되면 파탄에 이르게 된다. 그렇게 이념으로 오염되도록 유발한 건 정치권의 책임이 크다고 본다. 법 집행기관이나 사법부를 정치로 오염시키면 안 된다.

탄핵심판 선고 뒤 우리나라가 나아가야 할 청사진을 그린다면?

(탄핵 기각, 인용을 막론하고) 먼저 대통령의 경우 마음을 비우고 임기와 권력에 연연하지 않아야 한다. 옛말에 '이기려면 버려야 한다'는 말이 있다. 그런 허허실실虛虛實實의 마음을 대통령이 가져야 한다. 대통령이 대통령실이나 청와대로 들어간다는 건 5년간 남의 집에서 셋방살이하는 세입자인 것이지, 주인 행세를 하라는 게 아니다. 또한 지역구 중심 양당제 선거 방식을 권역별 비례대표제로 바꿔 다당제를 도입하는 안도 고려해 볼 만하다.

- 〈중앙일보〉, 2025. 4. 2.

3장

제7공화국으로
가는 길

미래 한국의 새로운 헌정 모색

87년 헌법체제의 파탄

2024년 12월 3일 전 세계를 놀라게 한 윤석열 대통령의 비상계엄 발령으로 온 국민은 밤잠을 설쳤다. 45년 만에 발령된 계엄은 '87년 헌법' 체제의 종말을 알리는 신호탄이다. 겨우 목숨을 부지해 온 이 헌법은 전혀 예기치 못한 뜻밖의 상황이 벌어지면서 천명을 다하고 있다.

그간 한국 민주주의의 파탄은 헌법의 불안정으로 표출되었다. 1948년 제헌 이후 9개의 헌법이 명멸해 갔다. 산업화 과정에서 처절하게 부르짖은 민주화는 1987년 대통령직선제 쟁취로 외형적 성공을 이루었다. 대통령 5년 단임제에서 네 번의 평화적 정권교체는 한국 민주주의의 성공을 알리는 상징적 징표다. 하지만 민주헌법에 따라 작동하는 민주화 이후의 민주주의는 아직도 요원하다. 민주화의 화신인 김영삼·김대중 전 대통령을 포함한 모든 대통령이 임기 말에 이르러 가족과 측근의 비리로 불행을 자초했다. 민주화의 외피를 입은 권위주의의 유혹으로부터 벗어나지 못한 결과다. 제도보다 인격화된 권력의 상징조작 속에 제왕적 대통령에 안주한 결과다.

미래를 향한 헌법 개혁의 과제

이제 참된 민주주의를 구현하기 위해 38년에 이르는 헌법의 안정 속에 새 헌법을 모색할 때가 됐다. 사실 87년 헌법은 여야 8인 정치회담에서 직선제 쟁취에만 매몰된 나머지 헌법의 체계정합성을 고려하지 않은 채 서둘러 만든 결과, 근본적 흠결을 안고 있다. 예컨대 1971년 위헌판결을 받은 〈국가배상법〉의 군인·군무원에 대한 이중배상 금지 조항은 유신헌법에 포섭돼 5공 헌법을 거쳐 현행헌법에 그대로 존치한다. 유명무실하던 헌법위원회는 헌법재판소로 대체되었지만, 대법원과의 갈등과 긴장 관계는 여전히 지속된다.

무엇보다 세계는 급변한다. 민주화·정보화·세계화·지방화란 시대적 화두에 부응하는 헌법이 필요한 때다. 미래 한국의 백년대계를 설계하는 국민의 장전으로서 헌법을 만들어야 한다. 4차

산업혁명에 따라 AI가 인간을 대체하는 상황이다. 정보혁명에 능동적으로 대응하기 위해 정보기본권을 보장하는 헌법이어야 한다. 한반도라는 울타리에 갇힌 헌법이 아니라 세계를 향한 헌법이어야 통일시대에 능동적으로 부응할 수 있다. 이미 도래한 다문화사회에서 폐쇄적이고 수구적인 민족적 민주주의의 구각을 벗어나서 포용적이고 시민적인 민족주의로 나아가야 한다. 인구절벽과 지방소멸 시대에 대비해 프랑스 헌법과 같이 대한민국의 국가적 성격에 지방분권 국가임을 천명해야 한다.

민주화 이후 민주주의의 성공적 정착을 위한 정치제도 개혁은 이 시대 최고의 화두다. 이제 외국 헌법에서 예를 찾기 어려운 5년 단임제를 4년 중임제로 개정하자. 대통령제에서 대통령과 국회 다수파의 지지를 동시에 받는 경우에는 국정 안정을 구현할 수 있지만, 여소야대에서는 국회의 신임과 협력에 입각한 국정 운영이 불가피하다. 이를 극복하려면 절제되지 않는 대통령 권력을 통제하기 위한 장치가 필요하다. 전직 국회의원들의 법정단체인 대한민국헌정회에서 제시한 '권력분산형 대통령중심제' 안에 의하면 국회에 내각불신임권을 부여한다. 대통령 권력의 통제와 더불어 여소야대에서 책임내각을 구현하려는 취지다. 그런데 대통령 직선과 내각불신임제는 이원정부제의 본질적 요소라는 점에서 헌정회 안은 사실상 이원정부제의 제도화다.

현행헌법을 유지하면 미국식 대통령제에서와 같은 분점정부 운영이 아니고는 파국이 불가피하다. 헌정회 안대로 하면 프랑스식 동거정부의 출현이 불가피한데, 국회 다수파의 지지를 받는 내각은 자칫 프랑스에서 경험한 동거정부의 어두운 그림자를 보게 될 소지가 있다. 차제에 책임정치 구현을 위해 아예 의원내각제로 가자는 견해도 있다. 하지만 국민들은 대통령 직선을 원한다. 어느 제도도 완결적일 수는 없다. 결국 대통령직선제에서 대통령 무책임제를 극복하는 방안은 책임내각의 구현이다.

- 〈국민일보〉, 2024. 12. 17.

권력구조 개혁을 위한 과제

불행한 대통령 시대의 성찰

1948년 대한국민이 5,000년 역사에서 최초로 보통·평등·직접·비밀·자유선거로 제헌의회를 구성하고 그 제헌의회가 온 국민이 지켜야 할 헌장인 헌법을 제정하였다. 하지만 헌법은 그간 집권자의 야욕으로 파행을 거듭하였다. 39년간 9개의 헌법이 명멸해갔으니 그야말로 '헌법의 왈츠' 시대였다. 현행헌법은 1987년 6월 항쟁의 결과물이다.

짧은 민주공화국 역사에서 여섯 번째 이르는 공화국은 그야말로 공화국의 상품전시장 foire 이나 다름없다. 다행히 87년 체제가 38년간 존속하면서 헌법의 안정을 구가한다. 하지만 지난 헌정은 결코 바람직한 상황이 아니다. 권위주의의 구각을 벗어나는 과정에서 김영삼 대통령은 전두환·노태우 두 전직 대통령을 구속했다. 그런데 그것으로 끝나지 않았다. 민주화의 상징이던 김영삼·김대중 대통령뿐만 아니라 모든 전직 대통령이 가족과 친인척 비리로 불행한 대통령이 되었다. 노무현 대통령은 자진하였고, 이명박·박근혜 대통령은 오랫동안 수감되었다. 노무현·박근혜·윤석열 세 명의 대통령이 국회에서 탄핵소추가 의결되어 직무가 정지되었다. 급기야 윤 대통령은 비록 탄핵으로 직무가 정지되었지만 현직 대통령 신분을 유지한 채 형사 피고인으로 전락했다.

왜 이렇게 민주화 이후에도 대통령의 불행이 계속되고 있는가? 그들의 잘못이 제일 크겠지만 보다 근본적 성찰이 요구된다. 권력을 가진 자 본인의 성찰 부족 이전에 제도의 잘못을 살펴보아야 한다. 사실 87년 헌법에서 네 번의 평화적 정권교체는 한국 민주주의의 건강한 상태를 보여 주는 징표이다. 그 과정에서 외국의 '좋다는 제도'는 모두 들여와서 '제도의 성찬'을 이룬다. 대통령정책실, 방송통신위원회, 특별검사, 공수처 등등. 하지만 결과는 신통찮다. 우리의 역사와 토양을 외면한 채 무분별하게 도입한 낯선 제도는 우리 옷으로 맞지 않는다.

권력분산과 헌법 혁신의 방향

이제 상투적이긴 하지만 지난 80여 년에 이르는 헌정사의 교훈을 귀감으로 삼아서 우리에게 맞는 법과 제도를 찾아나가야 한다. 몽테스키외는 《법의 정신》에서 "권력을 가진 자는 항시 그 권력을 남용하려 한다"라고 설파했다. 그 권력을 남용하지 않도록 '견제와 균형 checks and balances' 원리에 입각한 입법·사법·행정의 '3권분립'을 제시했다. 그런데 한국 헌정사에서는 과연 권력 상호 간에 견제와 균형이 이루어지고 있는가? 모든 길은 대통령이 머무는 청와대로 귀결되었다. 그 청와대를 벗어나려는 윤 대통령의 몸부림으로 장소만 이전하였지 용산은 또 다른 구중궁궐이 되어 버렸다.

87년 헌법체제는 위기와 한계 상황에 이르렀다. 1997년 미증유의 외환위기 환란을 극복한 국민적 저력을 정치에서도 보여주어야 한다. 2024년에 박정희·전두환 그림자가 어른거리는 군을 동원한 비상계엄 선포가 장군이 아닌 전직 검찰총장 손에 의해 단행되었다는 점이 국민들을 아연실색하게 한다. 군인, 민주투사, 법률가 등으로 이어진 역대 대통령들의 불행을 종식시키는 새로운 체제 정립을 위한 헌법이 필요한 때가 되었다.

다시는 불행한 대통령이 탄생하지 않도록 헌법의 권력구조에 대한 근본적 손질이 불가피하다. 현행 대통령 5년 단임제는 장기

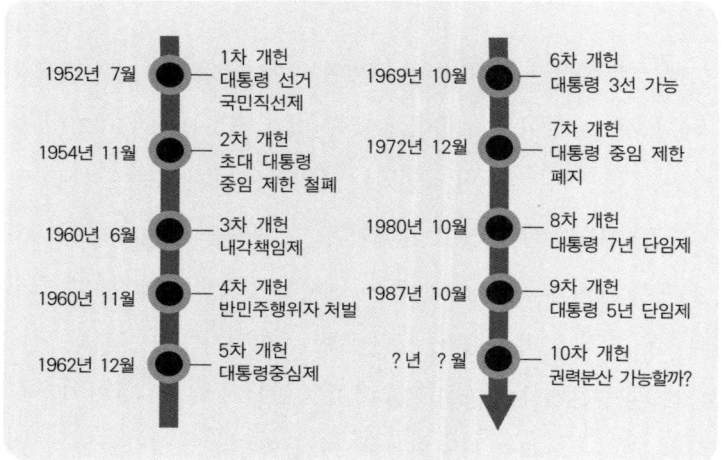

그림 3-1 역대 개헌 일지

집권의 폐해를 극복하면서 천명을 다하였다. 국회의원 4년 임기에서 대통령도 글로벌 기준인 4년 중임제로 나아가야 한다는 데에는 이의가 없다. 무엇보다 권력의 균형추가 대통령으로 기울면서 나타난 부작용을 청산해야 한다. 헌정 안정을 도모하고 책임정치를 구현할 수 있다는 점에서 의원내각제는 매력적이다. 그렇기에 1960년 4·19 혁명 이후에 도입한 정부형태가 전형적인 의원내각제였다. 하지만 국민들은 여전히 87년 6월항쟁 때 소리 높여 외쳤던 '직선 쟁취'의 유혹을 간직한다. 그렇다면 대통령직선제를 유지하면서 책임정치를 구현하는 방책은 책임내각제밖에 없다.

대통령과 국회 다수파의 불일치는 미국식 대통령제에서 보여주는 '분점정부'다. 이 경우 정부와 의회의 끊임없는 대화와 타협이 필수적이다. 미국 대통령의 가장 중요한 일과는 여야 의회 지도자, 특히 야당 지도자와의 대화에 있다. 하지만 한국에서 여소야대는 매우 낯설다. 윤석열 정부의 불행도 여기에서 시작되었다. 저자는 87년 헌법체제에서 대통령과 국회 다수파와의 관계를 여섯 유형으로 나누어 설명한 바 있다.[5] 그중에서 가설로 남겨둔 마지막 유형이 대통령 재임 중 단일 야당이 국회 다수파를 지배하는 여소야대 현상이다.

그런데 윤 정부에 이르러 그 가설이 현실화되었다. 대통령 취임 시에도 그러했지만 2024년 4월 총선에서도 압도적으로 단일 야당이 국회를 장악하게 되었다. 87년 체제에서 한 번도 체험하지 못한 상황이 연출되면서 대통령과 국회 권력은, 마주보는 두 기차가 달리듯이 정면충돌했다. 국회를 장악한 야당은 그간 잠자던 국회의 권한을 전가의 보도처럼 휘둘렀다. 총리·국무위원 해임건의, 감사원장·장관급뿐만 아니라 평판사와 평검사까지 이어지는 탄핵소추를 의결했다. 여기에 더하여 특별검사, 무차별적인 예산 삭감까지 이어 갔다.

하지만 국회를 장악한 야당은 국정 책임자가 아니라는 이유로

---

[5] 성낙인(2024), 《헌법학》(제24판), 법문사, 396쪽.

비판과 견제에만 치중했다. 정부는 의회를 장악한 야당의 의회 권력 앞에 속수무책으로 당할 수밖에 없었다. 그렇다면 민의에 따라 대통령과 정부가 권한을 내려놓는 수밖에 없다. 그런데 내려놓는 데 전혀 익숙하지 않은 정부 여당은 결국 비상계엄이라는 파국으로 내닫게 된다.

2024년 11월 전직 국회의원들의 모임인 대한민국헌정회에서 정대철 회장을 중심으로 제시한 개헌안은 첫째, 대통령 4년 중임제에 직선제는 유지한다. 둘째, 국회는 총리를 중심으로 하는 내각불신임권을 가진다. 헌정회는 이를 '권력분산형 대통령중심제'라고 명명한다. 하지만 대통령직선제와 내각불신임권은 이원정부제의 핵심사항이다. 즉, 대통령제의 핵심인 대통령 직선과 의원내각제의 핵심인 내각불신임권을 차용한 점에서는, 대통령제도 아니고 의원내각제도 아닌 제3의 정부형태로 이원정부제라 명명한다. 이원정부란 국민으로부터 직선되는 대통령과 의회의 신임에 기초한 총리(내각)가 한 정부 안에서 병존하는 양두제다.

그런데 한국에서는 1980년 전두환 군부가 도입하려 했다는 의혹이 제기된 이른바 '이원집정부제'에 대한 혐오로 인해 왜곡된 권위주의적 정부형태로 오도되기도 했다. 이원정부제의 원형으로 지목되는 1919년 독일 바이마르공화국 헌법체제도 결국 나치 출현의 빌미를 제공했다는 점에서 부정적이다. 하지만 이원정부제는 국가원수가 왕이 아니라 대통령이라는 점에서 오늘날 일원적 의원내각제가 정립되기 이전에 과도기적으로 왕과 의회가 권력을 분점하던 이원적 의원내각제의 현대적 재현이다. 그런 점에서 정당 이론의 바이블인 《정당론》의 저자인 프랑스의 세계적인 정치헌법학자 모리스 뒤베르제 교수는 유럽에서 이원정부제가 작동하는 각국의 학자와 총리를 초빙한 학술대회에서 '반대통령제semi-presidentialism'라고 명명한다.

헌정회가 제시한 내용의 핵심은 '책임내각제'이다. 국민직선을 통해 임기가 보장된 대통령의 정치적 무책임 문제를 해결하기 위해 총리를 비롯한 내각에 국회가 불신임권을 행사할 수 있게 한다. 이렇게 되면 여소야대 상황에서는 미국식 분점정부가 아니라 사실상 한 정부 안에 여야가 공존하는 프랑스의 '동거정부gouvernement de la cohabitation'에 준하는 책임내각이 탄생할 수밖에 없다. 이 경우 대통령은 외교·국방·유럽연합EU 문제에 전념하고 내정은 내각과 의회가 책임지는 프랑스의 전 총리 샤방델마스가 제시한 바 있는 유보영역 이론이 현실화된다.

다른 한편 내각의 안정을 위해서는 독일식 의원내각제에서 성공을 거둔 '건설적 불신임 투표konstruktives Misstrauensvotum' 제도를 도입해야 한다. 이는 의회에서 차기 총리를 미리 선출하지 않고는 내각불신임권 안을 아예 상정할 수 없도록 한 제도이다. 의원내각제에서 다당제임에도 불구하고 정부 안정을 통해 '라인강의 기적'을 이루고 마침내 흡수통일을 달성한 서독의 저력이 이로부터 비롯되었다.

현실적으로 이원정부제의 작동은 그리 쉬운 일이 아니다. 나라마다 그들 특유의 국가적 상황에 능동적으로 대응할 때 비로소 이원정부제는 빛을 발할 수 있다. 대통령과 국회 다수파가 일치할 경우에는 미국 대통령제 못지않은 강력한 대통령제가 된다. 하지만 여소야대가 된다면 대통령과 내각은 불일치하면서 갈등이 반복되는 구조를 초래한다.

그렇기에 프랑스에서는 1958년 드골 대통령이 '위대한 프랑스'를 기치로 강력한 정부를 구축하기 위해 1962년 대통령직선제를 도입했다. 하지만 동일한 헌법에서 미테랑과 시라크 대통령을 거치면서 현실화된 동거정부는 이원정부제의 현실적 작동에 어려움을 겪었다. 2024년 6월에도 마크롱 대통령의 의회해산 이후 여소야대가 되며 정국 불안정이 초래되었다. 핀란드는 제정러시아의 식민 지배를 거치면서 외교·국방은 대통령이, 내정은 내각이 책임지는 체제를 발전시켰다. 다른 한편, 오스트리아는 헌법규범상으로는 전형적인 이원정부제이지만, 직선 대통령이 사실상 의원내각제의 국가원수와 같이 상징적·명목적 지위에 머물면서 실제로는 의원내각제와 비슷한 형태로 운영된다.

정부형태 내지 권력구조의 형성과 작동에 정답은 없다. 현행 제도가 정상적으로 작동하지 못한다면 제도 변경이 불가피하다. 우리 헌정사에서 대통령제 요소는 지나치게 확대되어 작동하고, 의원내각제 요소는 사실상 사문화되었다. 그렇다면 대통령으로 기운 제도의 불균형을 극복하여 새롭게 모색하는 길만이 균형을 회복하고 민주 헌정을 구현하는 유일한 방책이다. 이제 대통령 무책임제를 극복하고 국회 다수파도 국정에 직접 참여하여 정치적 책임을 지게 하는 제도 선택이 불가피하다.

'권력분산형 대통령중심제'이든 '이원정부제'이든 그 명칭은 중요하지 않다. 제도의 설계와 실천이 중요하다. 정치 혼돈이 극도에 달한 지금이야말로 천명을 다한 제6공화국의 외피를 벗어 던지고 새로운 제7공화국 헌법 시대를 열어야 할 때이다.

- 〈한국일보〉, 2024. 12. 19.

여야정 대타협과 희망의 정치

혼돈의 시대, 희망을 찾아

새해가 밝았지만 대한민국이 안정과 희망을 잃고 있다. 대통령의 일탈이 국민들의 삶을 혼돈으로 빠트렸다. 동시대에 산업화와 민주화를 완수한 위대한 대한민국 국민은 그동안의 노고에 대한 보답을 받을 자격이 있다. 그런데 보답은커녕 분노와 불안만 껴안고 산다.

비상계엄은 한국적 대통령제의 종언을 알리는 신호탄이다. 사람의 문제, 즉 대통령의 문제인가? 그렇지 않음은 역사가 증명한다. 이승만·박정희 시대는 차치하더라도 87년 민주헌법 이후 대통령들도 별반 차이가 없다. 상처투성이의 대통령들을 보면 바꿔야 할 때임을 체감한다. 계엄과 탄핵의 광풍으로부터 새로운 대한민국을 위한 여야정의 대타협은 이 시대의 소명이다.

시대의 소명, 여야정 대타협

첫째, 비상계엄은 분명히 잘못되었지만, 이를 촉발시킨 의회권력도 책임이 있다. 국회는 탄핵이라는 비상시에 작동되어야 할 제도를 평상시에 남용하여 정부의 정상적 기능을 마비시켰다. 감사원장·장관뿐만 아니라 판사·검사에 이르기까지 80여 년 헌정사에서 가장 많은 탄핵소추권을 발동했다. 하지만 여태 박근혜 대통령 이외에 탄핵심판에서 인용된 예는 없다. 이제는 대통령에 이어 사상 처음으로 대통령 권한대행까지 탄핵소추되었다. 임명권자가 탄핵된 마당에 나머지 공직자에 대한 탄핵은 법적·정치적으로 무의미하다. 거대 야당은 이들에 대한 탄핵소추를 취하하는 정치력을 발휘해야 한다. '국헌 문란'이란 헌법상 제도의 정상적 기능을 전복하거나 불가능하게 하는 것이다. 지나친 탄핵 남발은 결과적으로 국헌 문란을 초래할 수 있다. 그간 국회는 국무총리·국무위원 해임건의 등 헌법에서 작동 가능한 모든 권력을 행사함으로써 정부를 무력화시켰다.

둘째, 권한대행도 국정 안정을 위해 적극적 권한행사가 필요하다. 권한대행의 탄핵소추를 야기한 헌법재판관 임명 보류가 위헌은 아니지만, 현실적이지 않다. 대통령의 사법부 구성은 국가원수로서의 권한이다. 국민적 정당성을 직접 확보하지 않은 사법부는 국회와 대통령의 합의로 구성된다. 그런 점에서 권한대행의 헌법재판관이나 대법관 임명은 원칙적으로 바람직하지 않다. 하지만 지금은 원칙만 따질 한가할 때가 아니다. 더구나 이번 경우는 특수하다. 대통령 탄핵 이전에 헌법재판관 배분은 민주당의 몽니에 국민의힘이 양보했기 때문에 권한대행이 재량을 가질 여지가 없다. 대법관도 대법원장의 제청으로 탄핵 이전에 대통령이 국회에 임명동의를 요청했으므로 임명장 수여는 일종의 통과의례다. 이대로 가면 대법원 재판 지연뿐만 아니라 헌재의 심리와 결정에 논란을 초래할 수 있다. 최창호 변호사가 신청한 7인 심리조항에 대한 효력정지 가처분이 인용되었을 뿐, 해당 조항은 여전히 살아 있다. 6인이 아니라 9인 재판관 완전체만이 헌재 결정을 정당화할 수 있다.

셋째, 법률안 재의요구는 대통령의 행정부 수반으로서의 권한이다. 정부에 이송된 두 개의 특검법에 대해 권한대행이 거부권을 행사해도 위헌·위법이 아니다. 이미 고건 권한대행이 재의를 요구한 전례도 있다. 국회는 헌법에 따라 재의를 하면 된다. 그런 점에서 재의요구는 탄핵소추사유가 될 수 없다.

결론적으로, 여야정 대타협은 못 하더라도 탄핵과 특검 정국에 대해서는 타협해야 한다. 더 이상 권한대행에 대한 탄핵은 없어야 한다. 새해, 새 아침에 국리민복의 정치를 복원해야 한다. 정치인들의 권력 놀음에 서민들의 삶만 팍팍해진다. 사상 초유의 대통령의 내란혐의는 찬찬히 정리해도 늦지 않다. 이 기회에

천수 天壽를 다한 대통령제에 대한 개헌 논의도 함께하자. 결코 서둘러서 될 일이 아니다. 지금이야말로 대화와 타협으로 새해 희망의 불씨를 살려야 한다.

- 〈한국일보〉, 2025. 1. 1.

국민 힘으로 새로운 시대를 열자

계엄과 탄핵에도 대한민국은 멈추지 않는다

윤석열 대통령은 비상계엄 선포로 탄핵심판과 내란혐의 형사재판을 동시에 받고 있다. 현직 대통령이 헌정사상 처음 구치소에 수감되었다. 대통령직을 유지한 채 헌재의 탄핵심판과 법원의 내란재판에 동시에 출석한다. 인류 역사상 유일하게 최단 기간에 산업화와 민주화를 이룩하여 세계 10대 경제대국으로 우뚝 선 대한민국에서 일어날 법하지 않은 일이 벌어진다. 현직 대통령의 구속 수감되고 재판받는 장면은 마치 영화의 한 장면을 보는 것 같다. 제3세계 국가에서도 흔치 않은 일이 지금 대한민국에서 일어나고 있다.

    법조인, 그것도 검찰총장이라는 최고위직을 역임한 대통령이기에 더욱 놀랍고 애처롭다. 역설적으로 현직 대통령이 헌법과 법률이 정한 절차에 따른 사법 절차에 적극적으로 임하고 있다는 사실은 대한민국의 민주법치가 지금 이 순간에도 정상적으로 작동하고 있음을 보여 준다. 재판 과정에서 찬탄핵과 반탄핵의 갈등은 최고조에 이른다. 비상계엄 이전보다 갈등의 골은 더 깊어지고 있다

헌재와 법원의 재판으로 국민 통합의 새 장을 열어야 한다. 대통령을 중심으로 사전에 계엄 모의에 깊이 관여한 인사는 엄벌에 처해져야 한다. 하지만 당일 작전에 단순히 동원된 군경 등 공직자에 대해서는 국민 통합을 위해 특별한 관용이 필요하다. 12·3 비상계엄으로 온 나라가 불안해한다. 민주화 이후에 쌓아올린 민주주의의 안착, 세계 속의 대한민국을 알리는 한강의 기적, 민주와 경제의 응집물인 K-컬처 등 정치·경제·사회·문화의 모든 영역에서 쌓아올린 금자탑이 계엄으로 하루아침에 사상누각의 바벨탑이 될 것이라는 우려가 팽배했다.

하지만 이번 사태는 오히려 대한민국이 그리 만만한 나라가 아니라는 점을 증명하는 계기가 되었다. 우리는 이미 1997년 IMF 환란을 슬기롭게 헤쳐 나가는 저력을 발휘한 바 있다. 예상치 못한 비상계엄에 대한민국호의 미래를 걱정하며 모든 국민들이 뜬 눈으로 밤을 지새웠지만, 12월 4일 코스피 지수는 2,464로 36포인트 하락하는 데 그쳤다. 원·달러 환율은 1,304원으로 안정을 유지했다. 2월 21일 현재 코스피 지수는 2,654로 안정적 상승을

이어가고 있으며, 원·달러 환율은 한때 1,500원까지 급등했지만 1,433원으로 비교적 안정적이다. 해외 평가기관의 국가신용도 역시 계엄 전과 마찬가지로 AA-를 유지한다. 이 모든 지표는 정치인들이 일으킨 소란 속에서도 한국 경제가 안정적이라는 점을 단적으로 보여 준다.

 K-산업, K-컬처로 상징되는 대한민국의 미래는 더할 나위 없이 밝다. 〈포브스〉 발표에 따르면, 2025년 세계에서 가장 파워풀한 10개국 중에서 한국이 프랑스·일본을 제치고 7위에 등극했다. 한국은 경제력, 기술력, 군사력이 강력하다고 한다. 삼성전자와 현대차, SK하이닉스, LG전자의 기술력에 더하여 KAI·한화를 비롯한 K-방산이 세계를 휩쓸고 있다. K-조선은 중국에 대응하는 자유민주주의 국가를 위한 바다의 수호신이 되었다. K-조선이 아니었다면 미군함정조차 중국을 찾아가야 할 판이다. K-컬처는 어떤가? 한강 작가의 노벨문학상 수상을 비롯해 〈오징어 게임〉의 성공, 조성진·임윤찬 같은 클래식 연주자들의 활약, 싸이·BTS·로제로 대표되는 대중음악의 세계적 인기까지, 그야말로 전 세계를 제패하고 있다. 마침내 아름다움과 젊음을 향한 코스메틱cosmetics도 세계를 제패했다.

상생과 통합의 정치를 향해

이제 술래잡기의 마지막 장면은 정치로 모아진다. 대통령이 감옥에 가고 스스로 생을 마감해도 그들만의 문제로 보았다. 과연 그런가? 그럼 왜 대통령의 불행이 단발성으로 그치지 않고 반복될까? 바로 여기에 사람의 문제가 아닌 제도의 문제가 도사리고 있다.

민주화 이후 역대 대통령들의 면면을 보면 다들 나름대로 훌륭한 분들이다. 이승만·박정희 시대를 넘어설 자질이 차고 넘쳐 보인다. 물대통령에서 민주화의 화신까지, 모두 우리 손으로 그들을 직접 뽑았다. 능력을 검증하기 위해 치열한 토론도 펼쳤다. 하지만 대통령직에 오른 순간 국민이 부여한 신임을 배반했다. '이건 아닌데' 국민들은 한숨 쉬다가 또 5년 후 새 사람을 선택할 뿐이다. 선택당하는 시간은 찰나이고 5년은 유아독존이다.

이래서는 안 된다. 계엄으로 87년 체제는 파탄에 이르렀다. 국민들은 더 이상 자신이 뽑은 대통령을 신뢰하지 않는 한계상황에 이르렀다. 새 술은 새 부대에 담듯, 이제 새 틀을 짜야 한다. 그 새 틀은 국민적 열망에 호응해야 한다. 역대 대통령들의 무덤이라 할 만큼 불행한 역사가 펼쳐졌음에도, 국민들은 여전히 대통령을 자기 손으로 직접 뽑기를 원한다. 군주제가 없는 공화국에서 국회의원들이 의사당에 모여서 간접선거로 국가원수인 대통령을 뽑는 것을 원하지 않는다. 적어도 이 시점에서도 여전히 대통령직선제는 유효하다.

그런데 38년 동안 보아 왔듯이 직선 대통령의 정치적 무책임은 대통령제의 한계를 여실히 보여 준다. 이제 대통령제와 의원내각제의 중간 지점을 찾아서 정치적 무책임 속에 임기가 보장되는 대통령과 무책임한 비판만 일삼는 의회가 모두 책임을 지도록 하는 방안을 모색할 때다. 그것은 대통령과 의회 다수파의 신임에 기초한 총리를 중심으로 하는 내각을 구성하는 체제다. 정치권, 즉 정부와 의회가 책임을 공유하는 정치제도를 설계하는 것이 우리에게 남겨진 마지막 퍼즐이다. 그 명칭은 중요하지 않다. 정대철 회장의 헌정회 개헌안과 같은 권력분산적 대통령제, 반대통령제, 이원(집)정부제, 혼합정부제 등등.

더 이상 국민이 정치를 걱정하지 않아야 한다. 여야가 서로 죽기 살기로 오케이 목장식 결투를 벌이는 정치가 아니라 상생과 통합의 정치를 펼쳐야 한다. 두 개의 국민적 정당성, 즉 직선된 대통령과 의회가 병존하는 정치제도에서 마주 달리는 두 개의 열차가 충돌하는 상황이 아니라 함께하는 제도에 기반한 운용이 필요하다. 사실 현행헌법도 얼마든지 이원정부제적 운용이 가능하다. 즉, 대통령 재임 중 실시된 총선거에서 국회 다수파를 단일 야당이 차지할 경우, 야당의 국정 참여를 보장하면 된다.

저자가 87년 체제에서 가능한 6개 모델[6] 중 마지막 가설로 남겨 두었던 '대통령 재임 중 단일 야당이 국회 다수파를 장악하는 모델'이 2024년 총선거에서 처음으로 현실화되었다. 이는 권력분점이 절실히 필요한 상황을 만들었다. 하지만 대통령은 야당을 인정하려 하지 않았다. 야당 역시 정부와의 대화보다는 탄핵과 예산심의권을 '전가의 보도'처럼 휘둘렀다. 감사원장, 장관, 판사·검사가 탄핵소추당하는 현실을 인내하지 못한 대통령은 마침내 비상계엄이라는 극약 처방으로 스스로 무너졌다.

1958년, 파탄에 이르렀던 프랑스 제4공화국을 재건한 드골헌법은 강력한 정부를 구현했다. 대통령과 의회 다수파가 일치할 경우에는 강력한 대통령주의제로 작동한다. 하지만 대통령과 의회 다수파가 불일치할 경우에는 1986년 이래 세 번의 동거정부를 연출했다. 이는 동일한 헌법에서 여야가 주권자인 국민의 선택에 순응한 결과였다.

미국식 분리정부 현상에 처한 87년 체제는 비상계엄으로 파탄에 이르렀다. 이는 한국을 비롯한 여타 국가에 미국식 대통령제를 이식하는 것은 '죽음의 키스'임을 입증한 셈이다. 이제 미국식 대통령제의 틀을 벗어나 프랑스나 핀란드와 같은 이원정부제를 통한 통합정부 구성으로 나아갈 수 있도록 새로운 정치제도를 설계해야 한다. 천명을 다한 87년 체제에 더 이상 매달릴 것이 아니라 제7공화국을 향해 국민적 역량을 결집해야 할 때다.

---

6 성낙인(2024), 《헌법학》(제24판), 법문사.

세계 10대 강국의 품격과 리더십

일제강점기와 한국전쟁을 거치면서도 세계 10대 경제대국으로 우뚝 선 국민적 저력은 새 시대를 여는 등불과도 같다. '한강의 기적'은 자유민주주의와 시장경제에 기반한다. 물론 미국, 서유럽, 일본의 자국이기주의는 경계의 대상이다. 트럼프 정부의 정책은 강대국의 민낯을 여실히 드러낸다. 그렇다고 해서 다른 선택의 여지가 있는 것은 아니다. 러시아와 중국이 채택한 인민민주주의의 지붕으로 들어간 북한의 실상이 어떠한가는 설명이 필요 없다. 그 인민민주주의의 종주국들조차 대한민국은 선망의 대상으로 본다. 세계 4대 강국인 미국, 중국, 일본, 러시아의 틈바구니에 낀 지정학적 특성을 오히려 새로운 추동력의 발판으로 삼아야 한다.

세계 10대 경제대국 중 다른 나라를 침략하지 않은 유일한 평화애호국가가 바로 대한민국이라는 사실에 온 세계가 추앙할 미래를 꿈꾸고 설계해야 한다. 미래에 대한 불안이 아닌 확고한 믿음만이 우리의 꿈을 현실화할 수 있다.

- 〈아주경제〉, 2025. 2. 24.

헌법체제 공백의 개선 방안

대선 관련 헌법, 보완이 필요하다

국민의 생활헌장이자 민주법치국가의 장전인 헌법규범에 한 치의 빈틈이나 공백이 있어선 안 된다. 1987년 헌법체제에서 박근혜 대통령 탄핵 파면에 따라 제19대 대선이 실시된 데 이어, 윤석열 대통령 탄핵 파면으로 제21대 대선이 진행된다. 그런데 대통령 선거와 관련된 헌법규정들이 서로 부정합하거나 아예 규정이 마련되지 않아서 이를 반드시 정비해야 한다. 이에 주요 자유민주주의 국가 중에서 대통령 직선제를 채택하는 프랑스 헌법을 본보기로 삼을 필요가 있다.

프랑스 헌법에서 배우는 정비 방안

첫째, 대선 기간 중 테러나 건강 등으로 언제든지 대선 후보 유고가 발생할 수 있음에도 헌법에 아무런 대비책을 마련하지 않은 건 중대한 입법적 공백이다. 1956년·1960년 대선에서 제1야당인 민주당의 신익희·조병옥 후보가 선거 기간 중에 사망함으로써 이승만 후보가 무주공산에서 당선됐다. 2024년 미국 대선에서 공화당 트럼프 후보가 총기 공격을 받았지만 총알이 비켜가서 구사일생으로 살아났다. 한국에서 양대 정당의 박근혜·이재명 대표도 테러를 당한 바 있다. 2025년 이재명 후보는 테러 위협으로 방탄조끼를 착용하고, 유세장에 방탄유리를 설치했다. 프랑스 헌법(제7조)과 같이 대선 후보 유고가 발생하면 선거 연기를 명시해야 한다. 즉, "후보자가 입후보 등록 마감 전 7일 이내에 사망하거나 장해가 발생한 경우"(제6항) 또는 투표 전에 "후보자 중 1인이 사망하거나 장해가 발생한 경우 헌법재판소는 선거의 연기를 선언한다"(제7항) 등의 조항을 도입해야 한다.

둘째, 대통령 궐위 등의 경우 이를 법적으로 선언하는 기관이 필요하다. 1979년 박정희 대통령 시해 사건 이후 헌법상 대통령 유고를 선언할 기관이 없는 상황에서 국무회의에서 유고를 결정했다. 이에 프랑스 헌법(제7조 제5항)과 같이 헌법수호기관인 헌법재판소가 대통령 유고를 법적으로 선언하도록 규정해야 한다.

셋째, 헌법에서 궐위 등에 따른 '후임자 선거'(제68조 제2항)라고 규정하는데, 그 후임자 임기가 전임자의 잔여 임기인지, 새로 5년 임기가 개시되는지에 관한 명확한 규정이 없다. 박근혜·윤석열 대통령 파면 후 실시된 보궐선거에서 후임자는 새로 5년 임기를 시작한다. 따라서 '후임자'가 아니라 프랑스 헌법(제7조 제4항)과 같이 '새 대통령 선거'라는 점을 분명히 해야 한다. 제3공화국·제4공화국 헌법에서는 "대통령이 궐위된 경우 후임자는 전임자의 잔임 기간 중 재임한다"라고 규정한 바 있다. 현행헌법은 대통령 단임제를 채택하므로 새로 선출된 대통령의 5년 임기를 명시해야 한다.

넷째, 헌법에 명시적 규정이 없지만 대선을 단순다수대표제로 시행한다. 하지만 현행헌법에서 결선투표제도 가능하다는 논쟁이 제기된다. 차제에 결선투표제 시행 여부를 명확히 해야 한다(프랑스 헌법 제7조 제1항). 여야 할 것 없이 대선 때마다 단일화 진통을 거듭하는 상황에서 결선투표제를 고려해 볼 만하다. 그 밖에도 "대통령의 임기가 만료되는 때에는 임기 만료 70일 내지 40일 전에 후임자를 선거한다"(헌법 제68조 제1항). 그런데 대통령 궐위·사망·판결 등에 따른 선거는 "60일 이내에 후임자를 선거한다"(제68조 제2항). 즉, 후임자 선거 일정에 10일의 격차가 발생하므로, 프랑스 헌법(제7조 제3항·제5항)처럼 일정을 동일하게 규정해야 한다.

― 〈한국일보〉, 2025. 5. 28.

국회와 정부가 함께 가는 이원정부제

이원정부제로의 개헌이 필요하다

헌법학 분야 권위자인 성낙인 전 서울대 총장이 "87년 체제는 헌법학에서 논의된 모든 가설이 이뤄졌고, 그 한계도 확인했다"면서 개헌 필요성을 역설했다. 특히 이원정부제로의 개헌에 힘을 실으며, 그는 대한민국헌정회 등과 함께 개헌을 위해 노력하겠다는 뜻을 강조했다.

성낙인 전 총장은 〈영남일보〉와의 인터뷰에서 최근 논의되는 헌법개정과 관련해 자신의 견해를 피력했다. 특히 개헌을 통해 탄핵심판 뒤의 혼란상을 수습해야 한다고 했다. 성 전 총장은 "대통령은 야당의 국정 참여를 어느 정도 인정했어야 했고, 야당도 대화를 했어야 했다"면서 "이제는 제도적으로 국회와 정부가 함께 갈 수 있도록 이원정부제를 하도록 못을 박자는 것"이라고 말했다. 그러면서 그는 윤 대통령에 대한 헌법재판소 탄핵심판 및 내란죄 수사의 경우 모든 것이 제대로 작동하지 않았다고 비판했다.

이외에도 권역별 비례제도로의 선거제도 개편과 함께 대구·경북 통합에 대해서 긍정적인 목소리를 냈다. 그는 "자기희생도 없이 지방이 죽어가니 수도권, 중앙정부에서 무작정 예산이나 권한을 내놓으라 할 수 있겠나"라고 반문하며 "대구·경북에서도 시·군을 과감히 통합해 정비하고 일부를 내어주는 희생이 필요하다. 이는 세계적인 추세"라고 강조했다.

최근 정치권의 최대 관심사는 단연 '헌법'이다. 헌법재판소에서 윤석열 대통령 탄핵심판이 진행 중인 것은 물론, 헌법을 개정해야 한다는 '개헌'에 대한 목소리도 높아지고 있다. 자연스레 최상위 법 규범인 헌법에 관심이 집중되고 있는 것이다. 이런 상황에서 헌법학 분야 권위자인 성낙인 전 서울대 총장이 요즘 정치권에 자주 등장하고 있다. 우리 정치권에서 성 전 총장에게 헌법개정의 필요성 및 사회 개혁에 대한 진지한 조언을 듣고자 나선 것으로 그 횟수도 점차 늘어나고 있는 상황이다.

성 전 총장은 국민의힘 소장파 모임인 '첫목회'가 개최한 토론회에 참석해서도 "대통령제의 핵심인 직선제와 의원내각제의 핵심인 의회의 정부불신임권이 있는 '이원정부제'를 해야 한다"며 권력 구조 개헌을 제안하기도 했다. 토론회 직후 성 전 총장을 만나 개헌과 정치 현안에 대해 이야기를 들었다.

왜 개헌이 주목받는가?

미국식 대통령제가 다른 나라에 이식되어 성공한 사례가 거의 없다. 제3세계 국가들이나 우리나라도 마찬가지다. 이승만·박정희 대통령 모두 중임이 끝나고 나서 자신의 임기를 연장하려 했고, 러시아나 아프리카 등지에서도 쿠데타가 일어나는 등 문제가 있었다. 결국 미국식 대통령제의 문제다.

대한민국도 다시 돌아보면 '87년 체제' 이후 전직 대통령들이 구속되거나 가족 문제 등으로 비극적 상황들이 발생하지 않았나? 그렇다면 대통령제가 문제가 있다는 것이다. 나 역시 뭐라도 해야겠다고 생각했는데, 2024년 11월 대한민국헌정회가 헌법개정안으로 '권력분산적 대통령제'라는 안을 냈다. 당시 개정안에 대한 평가 겸 의견을 덧붙인 기조 발제를 했고 이후 논의를 이어오고 있다.

이원정부제로 가야 하는 이유는 무엇인가?

《헌법학》 교과서에서 87년 체제에서 가능한 6개 모델을 만들었는데, 마지막 가설로 남겨 두었던 '대통령 재임 중 단일 야당이 국회 다수파 장악' 시나리오가 2024년 현실화되었다. 이제 87년 체제에 대한 모든 상황을 보았고 그 한계도 확인했다. 물론 우리 현행헌법에서도 이원정부제가 가능하다. 하지만 우리는 국무총리 국무위원 해임건의권만 있지 해임의결권이 없어 반쪽짜리다.

윤석열 대통령이 총리를 왜 못 바꿨나? 국회에서 야당의 동의가 필수인데 안 될 것 같으니 못하지 않았나? 즉, 야당의 동의를 얻기 위해서는 야당에도 권한을 줘야 할 것 아닌가? 그런 의미에서 지금 단순 해임건의가 아니라 아예 국회에 내각불신임권을 주자는 것이다. 내각 임명에 대한 권한을 국회 다수당에 줘야 한다. 윤 대통령의 비극은 바로 거기에 있는 것이다. 윤 대통령은 야당의 국정 참여를 인정하지 않았고, 야당도 대화보다는 탄핵과 예산을 단독으로 강행 처리하면서 두 열차가 평행선을 달렸다. 따라서 이제는 제도적으로 이원정부제를 하도록 못 박자는 것이다.

절차적 정의의 중요성

헌법 권위자로서 윤 대통령 재판의 절차적 문제는 어떻게 보는가? 모든 것이 제대로 작동하지 않았다. 절차적 정의를 다시 한번 생각해 보자. 민주주의라는 것이 실질도 중요하지만 우선 헌법과 법률이 정한 절차를 제대로 지켜야 한다. 윤 대통령도 비상계엄의 절차적 정의를 지키지 않았기 때문에 위법이라고 볼 수 있다. 그래서 나는 대통령이 위헌·위법 행위를 했다고 보는 입장이다.

하지만 내란의 경우에는 또 다르다. 대통령이 내란죄를 지어야만 헌법 84조에 따라서 형사소추를 당하는데 미리 내란이라고 단정해 두고 형사처벌하는 것은 적절하지 않다. 그리고 더 나아가 사법 절차에서도 절차적 정의가 제대로 지켜지지 않았다. '검수완박檢搜完剝'에 따른 대통령 수사는 경찰밖에 할 수 없다. 그런데 검찰에서 특수단을 만들어 수사하는 척하다가 공수처에 보냈다. 공수처에서는 제대로 수사하지 못했고, 영장도 법률에 명시된 공수처 관할 법원(서울중앙지법)을 통하지도 않고 청구했다. 공수처나 검찰에서 긁어 부스럼을 만든 것이다.

다시 말해, 이번 사법 절차는 매우 적절치 못한 것이다. 물론 대통령의 비상계엄도 적법절차를 안 지켰지만 수사기관들도 검찰·공수처가 적법절차를 안 거쳤다. 게다가 또 법원은 어땠나. 대통령 구속영장을 발부하면서 글자 15자가 말이 되나. '증거 인멸의 우려가 있음'이란 사유는 우리의 형사사법 절차가 아직도 원시적이라는 것을 보여 준다.

선거제도나 행정구조 개편도 개헌에 담아야 한다는 목소리가 있다.
국회의원 선거에도 앞으로 권역별 비례대표제가 필요하다. 내 고향이 창녕인데 이제 밀양·창녕 선거구로 네 군데가 합쳐져 있다. 인구가 줄어드니 수도권을 제외하곤 전국이 다 그런 식이 될 것이다. 따라서 권역별 비례대표제로 싹 바꿔야 한다. 지방분권도 시장·도지사가 상당수 업무를 할 수 있도록 지방정부에 힘을 키워야 한다.

특히 강조하고 싶은 것은 행정구역 개편이다. 내가 영남대에 있을 때만 해도 대구·경북이 하나였고, 부산·경남도 마찬가지였다. 충청도도 마찬가지다. 이제 광역으로 가야 한다. 이미 5년 전에 학회에서 발표하기도 했다. 대구·경북이 약 500만 명 정도는 되어야 서울이나 경기도와 경쟁할 수 있다. 지금은 힘들 수밖에 없다.

대구·경북 행정 통합이 사실상 멈춰 있는 상황이다.

자기희생도 없이 중앙정부에만 무엇을 내놓으라고 할 수 있나? 지방이 죽어가니 수도권, 중앙정부에서 무작정 예산이나 권한을 내놓으라고 할 수 있겠나? 즉, 대구·경북에서도 시·군을 과감히 통합해 정비해야 한다. 간단하다. 중앙 공무원이나 정부가 권한과 예산을 빼앗기는데 좋아하겠나?

다시 말해, 중앙공무원 권한을 내려놓게 하기 위해서는 지방자치단체도 그렇게 자기희생을 해야 한다는 것이다. 다른 것은 몰라도 이철우 경북도지사가 내놓은 아이디어에는 전적으로 공감한다. 프랑스도 대표적인 수도권 중심이었는데 지금 '대광역자치단체'로 변화하고 있다. '메가시티'는 세계적인 추세다.

정계에서 정치 참여를 예상하기도 한다. 어떤 입장인가?

대한민국헌정회의 정대철 회장이 "지금의 대한민국 대통령은 성 총장 같은 대헌법학자가 하는 것이 좋겠다"고 하셨다. 욕심 부리지 않고 헌법대로 할 것이라면서 이야기하셨다. 다만 나라가 너무 혼란스러운 상황인데 무엇을 한다고 이야기할 상황은 아닌 것 같다. 지금의 혼란이 먼저 정리되고 개헌까지 이어졌으면 하는 바람이다.

– 〈영남일보〉, 2025. 2. 25.

협치 이끄는 '동거정부'가 답이다

헌법학자의 눈으로 본 탄핵 정국과 개헌

25년간 25판을 찍으며 롱런해 온 《헌법학》 교과서의 저자로 유명한 성낙인 전 서울대 총장. 1980년대 파리에 유학하면서 프랑스의 '동거정부gouvernement de la cohabitation'를 현장에서 관찰한 경험을 바탕으로 요즘 개헌론의 화두인 '제왕적 대통령의 권력분산'을 법적으로 구체화한 '이원정부제'를 제시했다.

"1980년대 프랑스에서도 '여소야대'가 발생했는데 당시 프랑수아 미테랑 대통령은 외교·국방 장관만 빼고 전 내각 임명권을 야당의 자크 시라크 총리에게 줘서 위기를 극복했어요. 이것이 정치죠. 그런데 우리는 '동거' 대신 야당은 줄탄핵 독주, 대통령은 계엄으로 대응한 끝에 비극을 맞았어요. 이걸로 제6공화국은 끝입니다."

정치권에서 개헌 논의가 분출하는 가운데 헌법학 권위자인 성낙인 전 서울대 총장을 만났다. "당장 개헌하자"는 총론은 만개한 지 오래이니 각론, 즉 바람직한 개헌안의 속살을 들어 보려는 의도에서였다. 지금 개헌론의 절대적 화두는 '제왕적 대통령의 권력분산'이다. 대통령제를 존치하면서 권력을 분산하는 대표적인 체제가 프랑스의 '동거정부'인데 성 전 총장은 그 프랑스(파리 제2대학)에서 이를 주제로 법학 박사를 땄고 그 이론을 국내에 소개한 학자다.

헌법학자로서 구상하는 개헌의 골자는요?

내 《헌법학》 교과서에서 '87년 체제에서 가능한 6개 국정 모델'을 만들었는데 마지막 가설인 '대통령 재임 중 단일 거대 야당의 국회 장악' 시나리오가 지난해 4월 총선에서 현실화되었어요. 이 경우 어떻게든 서로가 타협해 함께 가야 하는데 파탄으로 끝났으니, 제도적으로 국회와 정부가 함께 갈 수밖에 없는 '이원정부제'로 개헌해야 합니다. 국회에 내각불신임권을 주되 비례대표 선거제와 독일식 건설적 불신임제 및 국정감사 폐지로 야당의 전횡을 막아 협치가 필수인 구조로 가자는 거죠. 국정감사는 전 세계 헌법에 유례가 없고 실효성도 없는 제도라 폐지가 마땅합니다.

윤석열 대통령의 계엄과 이후 상황을 평가한다면요.

헌법학자로서 계엄에 동의할 수 없어요. 윤 대통령은 여소야대 상황에서 야당의 동의를 얻으려면 야당에 총리와 내각 임명 동의 권한을 줬어야 해요. 그걸 거부하고 계엄을 택한 데 그의 비극이 있는 거죠.

다만 '계엄=내란'이란 프레임으로 몰고 가는 것은 생각해 보아야 합니다. 현직 대통령에 형사상 책임을 물어 구속 기소하기에 앞서 탄핵 여부부터 결론 내야 한다고 봐요. 또 '검수완박법'에 따라 대통령 수사는 경찰이 하는 게 맞는데, 검찰이 나섰다가 공수처에 넘기고 직권남용죄를 수사하다 내란혐의로 구속 기소했으니 견강부회의 전형입니다.

윤 대통령 탄핵 사유가 박근혜 전 대통령의 그것보다 훨씬 엄중한데도 윤 대통령 지지율이 상당히 나오는 건 '법적 절차가 유독 대통령에게 억울하게 돌아간다'는 의혹 때문 아닌가 합니다. 그런 의혹이 제기되는 이유가 있어요.

어떤 이유인가요?

두 가지죠. 우선 탄핵소추 핵심 사유가 '내란'인데 국회 측이 '내란'을 빼 버렸잖아요. '내란죄' 때문에 일부 여당 의원들이 소추에 동의해 줬는데, 내란죄를 삭제했으니 소추 의결을 다시 하는 게 맞다고 봅니다. 게다가 국회 측 변호인이 "내란죄 삭제하겠다. 그게 재판부께서 저희에게 권유하신 바라고 생각한다"고 말했다가 취소해 '짬짜미' 논란을 일으켰잖아요. 사실이라면 민주당이 바라는 속전속결 심판을 위해 헌재가 '힌트'를 준 것 아니냐는 의심을 산, 잘못된 일입니다.

둘째는 마은혁 헌법재판관 임명 논란이에요. 우원식 국회의장이 국회 표결 없이 단독으로 헌재에 "마 재판관 임명 보류는 위헌"이란 심판을 청구한 탓에 절차상 흠결 논란이 제기되자, 국회 측이 "흠결을 보완할 기회를 달라"고 했는데 문형배 헌재 소장 권한대행이 "본회의 의결에 어느 정도 시간이 걸릴 거로 보나?"라고 물었잖아요. 그러자 민주당은 나흘 뒤 국회에서 마 재판관 임명 촉구 결의안을 통과시켰고, 헌재는 이를 이유로 "흠결이 보정됐다"며 우 의장 손을 들어 줬지 않나요. 내가 보기에 우 의장 단독으로 심판을 청구한 건 '흠결'이 분명하니 잘못된 선고인 데다 재판관이 '힌트'를 줘 흠결을 추인해 주는 결과까지 빚은 건 문제입니다.

미국 대법관들도 당파적 판결 의혹

헌재의 공정성을 의심케 하는 일들이 일어나는 이유는요?

미국 대법원도 다르지 않아요. 2000년 공화당 조지 W. 부시와 민주당 앨 고어 후보가 맞붙은 대선에서 플로리다주는 불분명한 투표용지로 논란을 빚었죠. 이때 플로리다주 대법원이 수작업 재검표를 요구한 고어의 청원을 5 대 4로 인용해 줘 재검표에 들어간 결과, 고어의 득표수가 늘어났어요. 그러자 이번에는 부시

측이 연방 대법원에 재검표 중단 소송을 제기했는데 연방 대법관들은 5 대 4로 부시의 손을 들어 줘, 부시가 미국 대통령이 되었지요.

   그런데 플로리다주 대법원과 연방 대법원에서 고어와 부시 편을 각각 들어준 법관들의 임명자가 누구였는지를 보면, 민주당이 임명한 법관들은 죄다 고어 편, 공화당이 임명한 법관들은 죄다 부시 편을 들었어요. 사람이 하는 게 어쩔 수 없는 모양입니다. 그럼에도 헌재의 '힌트' 논란은 분명히 문제가 있어요.

그래선지 과거 90%에 달했던 헌재 신뢰도가 반 토막 수준으로 떨어졌습니다.

헌재의 공도 큽니다. 1987년 도입된 이래 제3세계에서 '한국의 민주화를 추동한 법적 모델'로 칭송받아 왔어요. 하지만 평생 판사만 한 사람들로 구성된 헌재는 대한민국이 유일해요. 판사들은 민형사 재판만 하다 보니 헌법재판관이 되어도 실체적 정의 여부에 집착해요. 그러나 헌법 재판은 헌법의 규범과 헌법의 현실을 함께 고려하는 '느슨한 사법 심사'라서 다르게 접근해야 합니다. 헌법재판관 지명되면 그날부터 헌법 책 갖다 놓고 공부하기 시작해요. 이러면 안 됩니다. 독일 헌법재판관은 법학 교수들이 많이 맡아요.

헌재 재판은 '느슨한 사법 심사'라는 의미가 뭘까요?

김영삼 대통령이 1993년 금융실명제 긴급명령을 발동했는데 헌법상 요건에 부합하느냐가 논란이 되었어요. 당시 헌재는 "실명제 발동은 원칙적으로 대통령의 통치행위로 헌법 제76조의 발동 요건을 충족해 합헌"이라고 판시했어요.

헌법 76조는 "대통령은 내우외환·천재지변 또는 중대한 재정상 위기에 있어 긴급 재정경제 명령을 발령할 수 있다"고 돼 있어요. 당시 '중대한' 재정 위기가 있었나요? 결국 대통령 행위의 요건 충족 여부는 헌재에게 판단의 재량의 여지가 있고, 정치적 상황과 여론도 보면서 판결하게 된다는 거죠. 이래서 '느슨한 사법 심사'라는 거예요. 그건 윤 대통령 탄핵심판도 마찬가지입니다.

한덕수 대통령 권한대행 겸 총리 탄핵소추가 의결정족수를 준수했는지도 논란인데요.

대통령 권한대행으로서 행한 행위에 대해 탄핵하려면 대통령과 동일한 정족수(재적 의원 3분의 2)를, 본직(총리)에 있을 때 한 행위와 관련된 탄핵이라면 일반 공무원 정족수(재적 의원 과반)를 적용해야 한다는 게 다수설이고 나도 그렇게 생각해요. 권력 공백을 막기 위해 헌재가 이 문제를 빨리 결정해야 합니다.

"이재명도 결국은 개헌 동참할 것"

이재명 민주당 대표는 "대통령은 내란·외환죄를 제외하고 재직 중 소추되지 아니한다"는 헌법 조항에 대해 "소추의 '소'는 기소고, '추'는 재판"이라며 대통령 재직 중엔 재판이 정지된다고 주장하는데요.

아니죠. 소추는 검찰의 기소를 뜻해요. 재판은 아니에요. 헌법이나 〈형사소송법〉 조문만 보면 대통령 아니라 대통령 할아버지라도 취임 전 범죄혐의로 받아 온 재판은 계속 받아야 합니다. 다만 선거에서 당선된 대통령의 지위를 대법원이 재판으로 박탈하는 것이 맞느냐는 논란은 있을 거예요.

윤 대통령이 헌재 최후진술에서 임기 단축 개헌과 함께 내정은 총리에게 맡길 방침을 밝혔는데요.

내가 해 온 주장과 이론 그대로예요. 대통령까지 나섰으니 올해 안에 개헌 결판을 내야 한다고 봅니다. 공고부터 국민투표·공포까지 두 달이면 돼요. 개헌안은 이미 수십 개 나와 있기에 여야가 머리만 맞댄다면 금방 합의할 수 있어요.

탄핵 기각을 끌어내려는 노림수란 주장도 있는데요?

대통령이 그렇게까지 사기 칠 이유는 없고, 그 정도 발언은 본인 변호를 위해 할 수 있다고 봅니다.

민주당 비명계까지 개헌을 주장하는데, 이재명 대표만 침묵하는 양상입니다.

사법 리스크 문제가 있으니 그런 거로 보이지만 다른 이들은 전부 개헌하자는 거니까 결국은 그쪽(개헌)으로 갈 수밖에 없을 거라 봐요. 우리나라처럼 국민투표를 해야 개헌이 되는 나라가 많지 않아요. 독일은 1949년 이후 시대 요구에 부응해 개헌을 70번 가까이 했어요. 상하원에서 각각 재적의원 3분의 2가 찬성하면 개헌이 가능하니까요. 우리는 단원제니까 재적의원의 4분의 3이 찬성하면 개헌하도록 하는 조항을 새 헌법에 꼭 담았으면 합니다.

여론조사를 보면 인용이든 기각이든 "헌재 결정에 불복하겠다"는 응답률이 높은데요.

헌재의 심판 절차에 아쉬운 점들이 분명히 있어요. 그래도 우리가 만든 제도인데 수용해야 합니다. 안 그러면 나라가 두 쪽 나는 거지요.

― 〈중앙일보〉, 2025. 3. 5.

양극화 해법, 권역별 비례대표제와 상원

"비상계엄은 데드덕 선언"

헌법학 권위자 성낙인 전 서울대 총장은 일찌감치 '87년 체제'에서 6개 국정 모델이 펼쳐질 수 있다고 내다보았다. 대통령과 총리, 국회 다수파의 삼각관계를 중심으로 하는 해당 모델은 지난 30여 년 동안에 하나둘씩 현실화되었다. 단 하나의 모델, '대통령 재임 중 단일 야당의 국회 장악' 시나리오만 제외한 채 말이다.

2024년 22대 총선을 기점으로 마지막 모델이 현실화했다. 더불어민주당(161석)과, 그 비례대표 위성정당인 더불어민주연합(14석)이 175석을 차지하며 총선에서 승리한 것이다. 헌정사 최초로 대통령 재임 중 단일 야당이 국회를 장악한 순간이다. 즉각 "윤석열 대통령이 레임덕 lame duck에 빠졌다"고 진단하는 목소리가 나왔고, 12·3 비상계엄을 기점으로 "데드덕 dead duck 상태에 놓였다"는 평가마저 나왔다.

헌법학자인 성 전 총장이 보기에 비상계엄 사태는 87년 체제에 대한 '데드덕 선언'이었다. 87년 체제의 마지막 과제를 "대통령이 거대 단일 야당과 어떻게 공존할 것인가?"로 보고 있었는데, 윤 대통령이 비상계엄으로 이를 돌파하려 했기 때문이다. 그는 〈신동아〉와 인터뷰에서 "비상계엄 이전부터 문제적 분위기를 느끼고 있었는데, 결국 상황이 지금처럼 흘러갔다"며 "'헌법현실'이 파국을 맞았으니 개헌이 불가피하다"고 말했다.

"한국은 세계 10위 경제대국인데…"

이날 서울 강남구 '자녀 안심하고 학교보내기운동 국민재단' 사무실에서 만난 성 전 총장은 연신 안타까움을 드러냈다. 그는 "한국은 세계 10위 경제대국인데 대통령 3명이 탄핵심판 때문에 헌법재판소로 갔으니 나라가 망한 꼴"이라며 혀를 찼다. 자신의 연구가 가장 바람직하지 않은 방향으로 현실화한 것에 대한 안타까움이었다.

오래전부터 '87년 체제'에서 파생될 다양한 국정 모델을 연구해 왔다. 대통령과 국회의 관계에 대한 모델이다. 대통령은 상수常數고, 국회 양상에 따라 모델이 나뉜다. 윤 대통령이 취임할 당시 두 개의 '국민적 정당성의 축'이 병존했다. 여소야대 국면에서 대통령 임기를 시작했기 때문이다. 헌법 이론에 따르면 '최근의 주권적 의사', 즉 최근 선거를 통해 당선된 대통령에게 정당성을 더 부여한다. 대통령 임기 초기 여소야대였지만 (야당이) 참았던 이유다. 이것이 단적으로 드러난 사례가 한덕수 당시 국무총리 후보자 임명을 동의한 것이다. 그러다 2024년 22대 총선을 기점으로 상황이 바뀌었다.

어떻게 바뀌었나?

총선에서 민주당이 이기면서 '더 이상 대통령의 인사를 받아들이지 않겠다'는 뜻을 보였다. 그런데 87년 모델에서는 해당 방법이 펼쳐졌을 때 해결할 수 있는 방법이 없다. 결국 정치적으로 타협해야 한다. 문제는 야당 입장에서 대선을 앞두고 자칫 '심판론'에 엮일 수 있다는 점이다. 내각에 참여했다가 괜히 국정 운영의 책임을 함께 지면 어떻게 되겠나. 당연히 '차기 대선에서 승리해 정부를 장악하면 그만이다'라고 생각하기 마련이다. 게다가 현행 체계에서 탄핵을 제외하면 대통령에게 책임을 지우는 방법이 마땅치 않다. 결국 대통령과 야당이 모두 '무책임 정치'를 했다. 12·3 비상계엄은 정치적 무책임이 극단으로 나타난 경우다.

'무책임 정치'는 어쩌다 파국으로 이어졌나?

윤 대통령은 임기 동안 이재명 민주당 대표를 한 번만 만났고, 이마저 단독 회담이 아니었다. 야당은 윤 대통령이 마음에 들지 않으니 계속 고위공직자 등을 탄핵소추했다. 그러다 윤 대통령이 못 참고 폭탄을 터뜨린 것이 비상계엄이다. 파탄에 이른 것이다. 만일 윤석열 정부가 가설로만 남았던 상황(단일 야당의 과반 의석)을 잘 극복해 냈다면, 87년 체제를 그대로 이어 가도 됐다.

표 3-1 '87년 체제'에서 가능한 6가지 국정 모델

유형 1, 2, 3, 4, 5, 6	시기
대통령이 단일 정당으로 구성된 국회 다수파의 지지를 받는 경우	• 김영삼 집권기(1993.2~1998.2) • 노무현 집권 후기(2004.4~2008.2) • 이명박 집권기부터 박근혜 집권 후기 (2008.2~2016.4) • 문재인 집권 후기(2020.5~2022.5)
대통령이 단일 정당으로 구성된 국회 다수파의 지지를 받지만 집권당 내부에서 견제받는 경우	• 노태우 집권 후기(1990.1~1993.2)
대통령이 복수의 정당으로 형성된 국회 다수파의 지지를 받지만 연립정부에 준하는 공동정부를 꾸리는 경우	• 김대중 집권 전기(1998.2~2000.4)
대통령 재임 중 복수의 야당이 국회 다수파를 차지하는 경우	• 노태우 집권 초기(1988.2~1989.12) • 김대중 집권 후기(2000.4~2003.2) • 노무현 집권 초기(2003.2~2004.4) • 박근혜 집권 후기(2016.4~2017.3) • 문재인 집권 전기(2017.5~2020.4)
대통령 취임 전부터 단일 야당이 국회 다수파를 차지하고 있는 경우	• 윤석열 집권 전기(2022.5~2024.4)
대통령 재임 중 단일 야당이 총선 승리로 국회 다수파를 차지한 경우	• 윤석열 집권 후기(2024.4~2025.4)

87년 체제가 가진 근본적 한계는 없나?

87년 체제가 '쓰레기통에 넣어야 할 헌법'은 아니다. 30여 년간 잘 작동했는데, 여섯 번째 가설, 즉 대통령과 단일 과반 야당이 공존하는 상황에서 권력분점과 타협을 못 했다. 고장 났으니 수리해야지 별수 없다. 문제가 발견되었는데 그대로 들고 갈 순 없지 않나.

"대통령이 전봇대 뽑는 일까지 살피지 말자"

윤 대통령은 정치적 역량이 중요한 여소야대 시기에 취임했는데 ….
검찰 생활만 하다 바로 대선에 뛰어들다 보니 정치에 대해 이해가 낮은 상태로 대통령이 됐다. 게다가 야당은 0.73%p 차이로 선거에서 졌기 때문에 '대통령만 고꾸라뜨리면 집권할 수 있다'며 호시탐탐 기회를 노리고 있었다. 의회를 장악한 만큼 대선만 승리하면 여대야소가 돼 권력을 100% 차지할 수 있기 때문이다. 각자의 이권 다툼 때문에 갈등이 깊어졌다.

 제6공화국은 끝났고 제7공화국으로 가야 한다. 국회가 2023년 한덕수 국무총리에 대한 해임건의안을 의결했다. 개인적으로 이를 (의원내각제의) '내각불신임권'과 동일하게 봐야 한다고 생각했는데, 정부가 국회의 요구를 받아들이지 않았다. 아예 의원내각제의 본질적 요소인 국회의 '정부불신임권'을 부여해야 한다.

대통령제에 의원내각제 요소를 도입하는 개헌을 해야 한다는 것인가?

비상계엄 전인 2024년 11월 대한민국헌정회에서 토론회를 열었다. 야당의 잇따른 탄핵소추로 정치적 갈등이 이어졌고, 국정 운영마저 제대로 되지 않았다. 헌정회에서 관련 문제의식을 공유해 권력분산형 대통령제에 기반한 개헌안을 만들었다. 당시 기조 발제를 맡았고 "내각불신임권을 도입해야 한다"고 주장했다. 흔히 '이원집정부제'로 알려진 '이원정부제'를 꾸리도록 개헌해야 한다는 의미였다. 이원二元 정부, 즉 대통령과 총리 두 수장으로 이루어진 정부라는 의미다.

구체적으로 설명해 달라.

이원정부제는 대통령제와 의원내각제의 딱 중간이다. 대통령제의 본질인 '대통령직선제'와 의원내각제의 본질적 요소인 '내각불신임권'을 모두 갖춘 체제다. 유럽에서는 외교와 국방, EU 관련 문제는 대통령이 처리하고, 나머지 국내 정치는 의회의 신임을 받는 총리가 처리한다. 한국의 경우 외교·국방·통일 문제는 대통령이 담당하고 나머지는 국무총리가 맡으면 된다.

　물론 국가 업무를 완전히 나눈다는 것은 불가능하다. '대통령이 전봇대 뽑는 일까지 살피지는 말자'는 의미다. 내각과 국회의 소통을 돕는 정도면 된다. '폴리티션politician'(정치인)이 아닌 '나라의 큰어른'이 돼야 한다는 의미다.

정치권에서는 하나둘 개헌 논의가 떠오르고 있다. 윤 대통령은 2월 25일 탄핵심판 최종 변론에서 "직무에 복귀하면 임기에 연연하지 않고 개헌과 정치개혁을 사명으로 생각하겠다"며 운을 띄웠다. 국민의힘 개헌특별위원회(개헌특위)는 3월 13일 '대통령 4년 중임제'로 개헌의 가닥을 잡았고, 민주당 역시 당 싱크탱크인 민주연구원이 3월 10일 개헌 관련 토론회를 열었다.

성 전 총장은 "이원정부제로 개헌해 대통령과 국회가 무책임 정치에서 벗어나야 한다"고 말했다. 대통령의 경우 '4년 중임제'를 도입해 정치적 책임을 지게 하고, 국회 역시 내각에 관여하게 해 국정에 책임을 지도록 해야 한다는 구상이다. 그는 대통령의 국회 견제 수단으로 '국회해산권'을 부여하고, 국정 마비 및 여야 갈등만 초래하는 국회의 '국정감사권'은 폐지해야 한다는 입장이다. 한국은 이미 정보 공개가 투명하게 이뤄지고 있다는 이유에서다.

다만 우려도 상존한다. 이원정부제에서 대통령의 실제 권한은 "의회 다수파가 어떻게 구성됐느냐"를 두고 갈린다. 성 전 총장은 《헌법학》에서 단일 과반 정당의 수장이 이원정부제의 대통령이 될 경우 그 실제 권한을 '전제군주'라고 평가했다. 이어 "의회 다수파와 대통령이 동일한 정치세력이거나, 대통령을 그들의 지도자로 받아들일 경우에 대통령은 총리와 같은 실질적 권한과 왕과 같은 상징적 권한을 함께 가진다"고 분석했다.

현 상황에서 이원정부제를 채택하면 단일 정당인 민주당이 내각과 의회를 모두 장악할 가능성이 높다. 국정 동력은 강해질 수 있으나 반대로 상대 집단을 배제하거나 억압할 수도 있다.

국가 권력구조에 정답은 없다. 각 나라가 처한 상황에 따라 바람직한 게 다르다.

최근 정치적 양극화가 심화해 '내전 상태'라는 평가마저 나오고 있다. 여대야소 정국에 대한 최소한의 안전장치가 필요하지 않나?

선거제 개편을 병행하면 된다. 기존의 '소선거구 상대적 다수대표제'로는 안 된다. 호남권, 충청권 등 권역을 나눠 비례대표를 뽑는 '권역별 비례대표제'를 해야 한다. 권역별 비례대표제를 하면 다당제가 형성된다. 국회가 다당제로 굴러가면 연립정부가 형성되면서 완충구역이 생기지 않을까. 독일은 늘 특정 정당이 과반을 차지하지 못해 연립정부를 꾸렸고, '라인강의 기적'을 일으킬 정도로 정국 안정을 이뤘다. 이는 '건설적 불신임투표제'를 도입한 덕분도 있다.

건설적 불신임투표제란 무엇인가?

건설적 불신임투표제란 의회가 차기 총리를 정한 후 내각에 대해 불신임권을 행사하도록 한 것이다. 즉, 차기 연립정부의 구성을 내각 해산보다 선행하도록 하는 것이다. 한국 역시 건설적 불신임투표제와 권역별 비례대표제를 도입하는 것도 방법이다. 이 경우 국회의원 수를 200명으로 줄일 수 있는데, (100명이 줄어든 만큼) 80명 규모로 정치적 다툼을 중재할 수 있는 상원을 꾸리는 것도 방법이다. "상원이 공화국의 이성이라면, 하원은 공화국의 상상력이다"라는 말이 있다. 권역별 비례대표제와 상원으로 양극화의 버퍼buffer를 만들 수 있다.

"개헌보다 큰 게 있다"

제도적으로 다당제에 힘을 실어 주면 민주당 입장에서 손해 아닌가?

그래서 이재명 대표와 친명계를 제외한 모두가 개헌하자는 것이다. 이 대표는 본인이 대선에서 승리한다고 생각하면, 대통령도 되고 여대야소 국면도 펼쳐지는데 무엇 하러 개헌하겠는가. 역대 대통령은 선거 때만 되면 개헌하겠다고 공약하지만 막상 당선되면 입을 닫는다. 노무현·이명박 전 대통령 때 단적으로 드러났다. 윤 대통령 역시 구속되자 개헌하겠다고 했다.

역사가 반복되지 않을까?

이번엔 개헌보다 큰 게 있다. 대통령과 제1야당 대표의 사법 리스크로 개헌 분위기가 유사 이래 가장 활성화되어 있다. 물론 이 대표와 친명계 입장에서는 계엄과 탄핵을 화제로 삼으며 대선을 치러야 하는 만큼, 개헌을 얘기하면 이슈가 날아가는 측면이 있다.

제7공화국의 대통령은 어떤 사람이 되어야 하나?

대통령은 힘이 너무 좋으면 안 된다. 대통령이 힘이 넘치면 사고를 친다. 한국은 세계 10대 경제 대국인데 대통령이 모든 것을 장악하려 하면 문제가 생긴다. 2023년 부산엑스포 유치전만 하더라도 바쁜 대기업 회장들을 부산과 파리까지 데리고 다녔다. 그들이 가고 싶어 갔겠나. 나아가 대통령은 나이가 좀 든 사람이 해야 한다. 80대는 너무 나이가 많다 치더라도 70대는 되어야 한다. 국회 등과 활발히 소통하는 국무총리야 5060세대가 맡아야겠지만, 대통령은 세상 풍파를 다 겪은 연륜 있는 70대가 하는 게 맞아 보인다.

- 〈신동아〉 4월호, 2025. 3. 24.

4장

대한민국호의 미래

'성평등 올림픽'에 담긴 시대정신

자유·평등·박애 정신의 현대적 재현

센강에 샹송이 흐르는 예술과 낭만의 도시 파리. 하지만 파리는 1793년 왕의 목을 기요틴으로 베어 시가지가 핏빛으로 물들었던 근대 시민혁명의 발원지이다. 혁명의 구호인 '자유·평등·박애'는 현행 프랑스 헌법 제2조에서 국시devise로 살아 숨 쉰다. 그 혁명정신은 2024 파리올림픽에서 성평등으로 재현되었다. 파리올림픽은 시대정신Esprit du temps의 발현이다. 올림픽의 피날레는 여성 마라톤으로 장식되었다. 패럴림픽은 역경을 뛰어넘은 박애와 연대의 발로다. 시상대의 갤럭시 셀카는 전 세계 젊은 이들의 우정과 사랑의 기록이다.

한국 선수단의 활약은 역동적이고 감동적이다. 춥고 배고프던 시절 스포츠는 생존을 위한 '헝그리hungry' 정신의 발로였다. 그

시절 최고의 등용문인 고시 합격도 또 다른 유형의 헝그리 스포츠였다. 하지만 세계 10대 경제대국으로 우뚝 선 대한민국에서 더 이상 꼰대식 '나 때는 말이야'는 통하지 않는다. MZ세대에게 스포츠는 자아실현이다. 그들의 투혼에서 미래 한국의 청사진을 본다.

MZ보다 못한 기성세대의 성찰 계기

그래도 아쉬움은 여진으로 남는다. 삐약이 신유빈은 왜 고교 진학을 포기해야 했나. 상처 난 안세영의 몸과 마음은 아직도 치유 중이다. 고생한 선수들에게 며칠만이라도 더 파리에서 젊은 날 추억의 창을 열어 줄 수는 없었던가. 반면에 10연패의 위업을 달성한 여자 양궁은 배려와 헌신에 힘입은 스포츠과학의 승리를 여실히 보여 준다.

그런데 어른들의 행태는 볼썽사납기 그지없다. 체육회는 선수들의 피땀 어린 금의환향 행사를 일방적으로 취소했다. 협회 규약은 시대착오적 명령과 복종을 강요한다. 올림픽 성과를 해병대 극기 훈련의 결과라며 자화자찬한다. 아직도 우리 사회 곳곳에 자리 잡은 빛바랜 권위적 잔재들은 청산되어야 한다.

기적적으로 이룩한 산업화와 민주화 이후에도 한국 사회는 여전히 권위주의와 물신주의에 사로잡혀 있다. 권위주의 시대를 마감한 1987년 민주헌정 체제 이후의 정치 지도자들도 예외 없이 가족과 가신의 부정부패로 수신제가修身齊家에 실패하기 일쑤였다. 한국 특유의 기업집단인 재벌은 세계 경영학계에서 한글 발음 그대로 'Chaebul'이라는 학술용어로 통용된다. 재벌은 산업화를 선도한 공로에도 불구하고, 정경유착과 친족 간 재산 분쟁 및 가족 송사로 도덕성에 치명적 오점을 남겨 왔다.

각계 지도자의 실패는 시대변화에 적응하지 못한 인지부조화로부터 비롯된다. 세상은 이미 언어에서부터 특권을 거부한다. '대통령 각하'는 '대통령님'으로 바뀌었고, 이제는 '님'조차 사라졌다. '영부인'은 여사를 거쳐 이제 그냥 '대통령 부인'일 뿐이다. 정당에서도 권위의 그림자가 어른거렸던 '총재'는 사라진 지 오래다. 그럼에도 정재계 지도자들은 친위세력의 옹위 속에 여전히 권위의 탈을 벗어나지 못한다.

경제 · 민주시민 넘어서 세계시민으로

"윗물이 맑아야 아랫물도 맑다." 윗사람부터 솔선수범해야 한다. 김수환 추기경이 "내 탓이요"라고 했듯이 남 탓하기 이전에 스스로를 성찰해야 한다. 헐벗고 굶주림으로부터 벗어나 풍요를 만끽하는 경제시민은 이제 공화국의 민주시민으로서 소양과 품격을 갖춰야 한다. 공동선common goods에 입각한 선한 시민들의 공동체를 형성할 때 진정한 주권재민의 민주공화국이 구현된다.

이제 경제시민·민주시민에서 더 나아가 세계시민의 길을 열어야 한다. 신유빈의 언니들 이지혜·전지희는 중국 귀화인이다. 쇼트트랙 임효준은 중국으로 귀화했다. 배드민턴 여제에 대한 귀화 유혹도 현실이다. 올림픽 주최국인 프랑스 선수 대부분이 귀화한 아프리카 흑인들이다. 다민족국가로 진입한 대한민국도 자유·평등·박애의 정신에 입각하여 폐쇄적인 종족적 민족주의를 벗어나 보편적인 시민적 민족주의로 나아가야 한다.

— 〈한국일보〉, 2024. 9. 4.

대한민국의 두 국부, 김구와 이승만

건국의 아버지들을 다시 생각하며

영국과의 독립전쟁 때 총사령관으로서 혁혁한 전공을 세운 조지 워싱턴은 '건국의 아버지들founding fathers' 중 한 명으로, 1789년 초대 미국 대통령으로 취임했다. 워싱턴은 4년 중임 후 스스로 대통령직에서 물러났다. "나 아니어도 대통령직을 잘 수행할 훌륭한 분이 많다." 미국식 대통령제의 초석을 놓은 워싱턴은 대통령제의 아버지라고 해도 과언이 아니다. 그 후 '건국의 아버지들'이 차례로 대통령이 됐다. 이후 150년간 대통령 중임제는 관습헌법으로 정립되었다. 그런데 프랭클린 루스벨트 대통령이 4선(1933~1945년)에 이르자 이후 수정헌법에 중임제를 명시하고 있다.

우리나라에도 1919년 대한민국임시정부 수립 이후 1945년 광복과 1948년 대한민국 정부수립에 이르는 과정에서 건국의 아버지라고 할 만큼 존경받는 애국지사가 많다. 김구, 이승만, 김규식, 여운형, 송진우 등등. 미국과 달리 그분들이 차례로 대통령을 맡지 못한 아쉬움이 남는다. 임시정부 주석으로서 끝까지 소명을 다한 김구는 광복 후 열렬한 환영 속에 환국했다. 임시정부 초대 대통령과 대한민국의 초대 대통령 이승만은 미국에서 활발하게 독립운동을 전개했다.

대한민국의 뿌리, 김구와 이승만을 기억하자

광복 이후 좌우 이념 대립으로 정치적 혼돈 상태가 지속되었다. 38선 이북을 점령한 소련 군정의 인민민주주의와 이남을 차지한 미군정의 자유민주주의 사이에 야기된 갈등은 분단국가로 이어졌다. 한민족 통일국가를 우선시하던 민족주의자 김구의 이상과 우선 남쪽만의 자유민주주의를 추구한 이승만의 현실론은 충돌할 수밖에 없었다. 작금의 역사 논쟁도 그 뿌리는 진보의 위대한 민족의 지도자 김구론와 보수의 건국 대통령 이승만론에서 비롯된다.

시대정신은 이제 김구와 이승만의 대통합을 요구한다. 김구의 이상은 현실에서 구현되지 못했지만, 통일을 향한 열정은 한민족의 가슴속에 영원히 남아 있다. 분단 속에 탄생했지만 자유민주주의를 이 땅에 정착시킴으로서 오늘날 세계사적으로 위대한 대한민국을 구현하는 데 이승만은 결정적 역할을 했다.

워싱턴도 완전무결한 위인은 아니었다. 영국 식민지 시절 영국군 장교로 복무했다. 거대 농장주로 수많은 노예를 거느리고 친구 아내와 불륜까지 저질렀다. 그럼에도 워싱턴이 미국의 국부라는 데는 이의가 없다. 미국 1달러 지폐와 25센트 동전에는 워싱턴이 새겨져 있다. 수도는 워싱턴 DC, 서부에 워싱턴주가 있다. 미국 전역에 워싱턴대학도 20여 개에 이른다. 2월에는 워싱턴과 링컨 생일에 맞춰 '대통령의 날'도 제정되었다.

이제 철 지난 건국절 논쟁에서 벗어나야 한다. 제발 김구를 테러리스트로, 이승만을 친일파로 폄하하지 말자. 해방공간에서 남북협상에 실패한 김구와 장기집권으로 헌정사를 파탄에 이르게 한 이승만의 과오도 역사의 장으로 넘기자. 적어도 김구와 이승만은 일제강점기에 워싱턴처럼 정복군의 일원으로 복무하지는 않았다. 두 분 다 워싱턴에 못지않은 장점을 가진 국가 지도자다.

나라 잃은 설움을 안고 오롯이 애국애족 일념으로 광복을 위해 헌신한 두 분을 대한민국의 국부國父로 모셔야 한다. 우리 화폐는 모두 조선조 선현들인 이순신·이황·이이·세종대왕·신사임당이 장식하고 있다. 언젠가 새로 발행될 대한민국 10만 원권에 현대사의 위대한 두 지도자 김구와 이승만을 나란히 모시자.

- 〈한국일보〉, 2024. 10. 9.

기업에 자유를 허(許)하라

삼성의 위기는 '기술 한국'의 위기

외국 생활을 시작하면서 가장 큰 어려움은 그 나라의 말이 제대로 들리지 않는다는 점이다. 제1외국어는 1년이 지나야 들리고, 제2외국어는 2년이 지나야 들린다고 한다. 제대로 들을 수 있어야 대화가 가능하다. 그래서 외국에 가면 집에 라디오를 하루 종일 틀어 놓는다. 영상매체 시대에 접어들면서 라디오는 텔레비전으로 바뀌었다.

   저자가 파리대학에 유학하던 시절에도 제일 먼저 TV를 사러 갔다. 전시장 한가운데는 세계적 유명 메이커인 소니, 톰슨, 필립스 등 유럽과 일본 제품이 차지하고 있었다. 가난한 유학생 입장에서 좀 더 싼 제품이 없느냐고 직원에게 문의하니 "글쎄 있기는 한데 잘 나올지 모르겠다"면서 구석에서 보여 준 뽀얗게 먼지 쌓인 TV가 LG의 전신인 금성사의 'Gold Star'였다. 그런 상황에서 아무리 애국심을 발휘하고 싶어도 한국산을 구매할 수는 없다.

그런데 30년 전부터 세계 가전시장은 삼성과 LG 중심으로 완전히 재편되었다. 전 세계 TV시장의 46%, 거의 절반을 장악하고 있을 정도다. 현대차는 '포니 신화'를 이끈 지 반세기 만에 세계 3위 자동차기업으로 우뚝 섰다. '바다의 제왕'인 조선업은 세계 1위에 등극한 지 오래이며, 현대중공업, 삼성중공업, 한화오션(구 대우조선)은 그 상징이다. 이제 한국은 세계적인 무기 수출국을 넘어 원자력발전소까지 수출하는 나라가 되었다.

어려운 여건에서도 피땀으로 과학입국을 이룩한 과학자들은 스스로 자부할 만하고 전 국민의 칭송과 존경을 받아 마땅하다. 세계인의 일상생활에까지 파고든 'Made in Korea'는 이제 한류로 이어 간다. K-팝으로 상징되는 K-컬처 현상은 결코 우연한 일이 아니라 기술한국의 연장선상에 있다. 최근 거리에는 외국인들이 부쩍 늘어났다. 예전에 단체관광에 머물던 한국 관광이 이제는 가족이나 친구들과 자유여행으로 바뀌었다. 한국의 이민 증가율은 OECD 국가 중에서 2위에 이를 정도로 급격하게 늘어나고 있다.

삼성, 왜 하이닉스에도 뒤지나?

하지만 최근 인공지능 시대를 접어들면서 변화에 직면한 반도체에 대한 우려가 깊어 간다. 그 위기의 진원지는 그간 세계 1위를 유지해 왔던 삼성전자 반도체다. 인공지능 반도체인 고대역메모리 HBM에서는 후발주자인 SK하이닉스에도 밀린다. 파운드리(반도체 위탁생산)는 적자를 면하지 못한다. 인공지능 시대를 맞이하여 세계적인 반도체 기업들이 호황을 누리는 와중에 대장주 삼성만 유독 하향곡선을 그린다. 한때 컴퓨터를 켜면 바로 나오는 '인텔 인사이드 Intel Inside'의 인텔이 제왕의 자리에서 밀려난 현실을 타산지석으로 삼아야 한다.

대한민국의 1년 총 수출액이 830조 원인데 삼성전자의 수출액이 150조 원으로 전체 수출액의 18%에 이르고, 베트남 전체 수출액의 26%를 삼성전자가 차지한다. 그 삼성전자가 위기에 빠졌다. 삼성전자의 위기는 대한민국의 위기다. 그간 초일류·초격차를 지향해 온 삼성은 애니콜을 불태우며 갤럭시 신화로 애플과 더불어 세계 휴대폰 시장을 장악했다. 세계 최초로 폴더블 폰도 개발했다. 그 사이 선두주자였던 노키아와 모토롤라는 몰락의 길로 접어들었다. 하지만 휴대폰 시장도 화웨이 등 중국 기업에 밀리는 현상이 나타난다.

삼성 위기의 원인은 다양하다. 의대 열풍, 공대 기피, 교육열

저하, 인재 유출 등등. 그런데 왜 하이닉스에도 뒤지느냐고 묻는다면 설명이 안 된다. 이건희는 그 유명한 "마누라와 자식 빼고는 다 바꿔야 한다"라든가, 어찌 보면 막말과 같은 "정치는 4류, 관료는 3류, 기업은 2류"라는 어록으로 혁신을 이어 갔다. 관리의 이학수, 기술의 윤종용으로 중용된 투톱 부회장은 나름대로 시대적 소명에 충실한 삼성의 견인차였다.

3세에 이른 이재용은 처음부터 난관에 부닥쳤다. 박근혜 국정농단 사건에 연루되면서 수감생활을 감내해야 했다. 박근혜 대통령과 최순실이 '경제공동체'라는 허구의 제물이 된 측면도 있다. 경영권 승계와 관련한 '부당 합병·회계 부정' 재판은 1심의 무죄판결에도 불구하고 검찰이 항소했다. 그 과정에서 구명운동이랍시고 자신들의 보위에만 급급했던 이 회장을 옹위한 최측근 세력들의 잘못된 판단에 대하여는 엄중한 문책이 뒤따라야 한다.

정치권도 기업에 자유를 허許해야 한다. 윤석열 대통령이 취임사부터 내세우는 최고의 화두는 '자유'다. 그 자유를 기업인들에게도 적용해야 한다. 기업인들은 부산에서 파리까지 동원되었지만 부산엑스포 유치는 실패했다. 검찰도 이 회장과 관련된 지방법원의 판결에 깨끗이 승복하고 항소를 포기했어야 한다. 하지만 검찰의 조직 체면용 항소, 즉 무죄판결이 나오면 일단 항소하고 보는 검찰의 태도는 검찰권 남용을 넘어 국가폭력이라는 우려를 자아내기에 충분하다.

정치·법조인이 장악한 기업 이사회

지금은 ESG, 즉 환경, 사회적 책임, 거버넌스 시대이다. 더 이상 이윤만을 추구하는 기업이 아니라 사회적 책임을 다하면서 준법을 실천하는 기업의 시대를 열어야 한다. 그런데 기업들이 앞다투어 설립한 준법감시 또는 윤리경영 기구가 제대로 작동되는지 의문이다. 이런 기구가 오너의 면피성 바람막이용이어서는 안 된다. 기업의 최고의사결정기구인 이사회에는 경영전문가보다는 관료, 법조인, 정치인 등이 꿰차고 있다. 이는 그사이 정치권력이 보여 준 행태에 기업이 살아남기 위한 반작용의 결과이다. 더 이상 정치권에 좌고우면하지 않고 오너와 전문가들이 힘을 합쳐서 기업경영에 매진할 수 있도록 해야 한다.

   나라가 제대로 작동하려면 정치와 경제라는 두 바퀴가 잘 굴러가야 한다. 민주화 이후 대통령 5년 단임제에서 대통령이 탄핵까지 당하는 상황이라 집권세력의 사회적 장악력은 현저히 저하된다. 더구나 윤석열 정부는 5년 내내 여소야대 상황에서 의회권력의 통제와 견제를 받는다. 반면에 재벌은 자자손손 기업을 물려받으면서 금권金權의 성을 더욱 공고히 한다. 그들의 잘못된 판단은 국가경제를 멍들게 할 수 있다. 창업자 세대의 피나는 노력으로 쌓아올린 공든 탑은 2세·3세들이 자행하는 일탈로 국민적 비난의 대상이다. 재벌가 중에서 상속재산을 둘러싼 골육상쟁

소송과 중혼 등으로 인한 가사소송을 벌이지 않은 쪽이 오히려 이상할 정도다. 수신제가도 제대로 못 하는 기업주는 사회적 존경은 고사하고 임직원들로부터도 외면당하기 마련이다.

기업경영을 자식들에게 상속시키는 방안과 기업가, 즉 대주주는 주주로서의 역할에만 충실하고 경영은 전문경영인에게 맡기는 방안 중에서 어느 것이 바람직한 것인지에 대한 정답은 없다. 유럽과 일본은 상속에 중점을 둔다면, 미국은 전문경영인을 선호하는 경향을 보인다. '포스트잇 Post-it'으로 잘 알려진 3M이나 유한양행은 전문경영인이 기업을 안정적으로 발전시킨다. 날로 경쟁이 치열해지는 고도산업사회에서는 경륜을 갖춘 인사들이 경영을 책임지는 시대로 갈 수밖에 없다.

다만 전문경영인은 삼성의 반도체, 현대의 자동차 진출과 같은 위험을 감수하는 risk taking 결단을 내리는 데에 한계가 있다. 이에 문어발식 기업경영이라는 비판 속에서도 한국의 재벌 Chaebul 은 세계경영학의 연구대상이다. 기업의 의사결정과정에서 전문경영인과 대주주의 합리적 소통은 기업 내부의 견제와 균형을 이루기 위해 필요불가결하다.

저자의 헌법철학인 균형 balance 이론은 이 세상 모두에게 적용되는 원리이다. 내 몸이 균형을 상실하면 감기나 암에 걸리듯이, 국가권력의 작동도 균형을 잃으면 헌정중단이나 탄핵 같은 파국을 초래한다. 기업경영에서 대주주의 횡포도 경계의 대상이지만 전문경영인의 직무해태나 오판은 기업의 생존을 위태롭게 한다.

세계적 경제규모 수준에 이른 대한민국에서 재벌 총수가 스스로 물러난 적도 없지만, 자식들에게 상속시키지 않은 예도 없다. 그런데 이재용 회장은 더 이상 삼성을 자식들에게 물려주지 않겠다고 공언했다.

포스트 이재용이 정상적 궤도에 오르려면 현재의 이재용이 스스로 능력을 발휘할 수 있도록 자유를 허(許)해야 한다. 이재용의 자유는 견제받지 않는 자유가 아니라 대주주로서의 책임을 다하는 한도 내에서의 자유다. 서울대보다 더 많은 박사학위 소지자가 재직하는 삼성전자는 임직원들에게도 자유를 허해야 한다. 뛰어난 인재들이 제대로 꿈을 펼칠 수 있는 자유로운 여건을 마련하지 않으면 그 기업에서는 '창조적 파괴'라는 혁신이 불가능하다.

빈대 잡으려다 초가삼간 태울 판

미국의 10대 기업은 창업 1세대 기업들이 장악한 지 오래다. 그만큼 기업환경은 급변한다. 그런데 국내 기업들은 어떠한가? 기존 재벌은 그렇다고 치더라도 네이버·카카오·하이브 등 창업 1세대 기업들조차 문어발식 경영의 후유증에 따른 갖가지 분쟁으로 사법처리의 대상이다. 신세대는 신세대답게 구시대적인 잘못된 재벌의 행태에서 벗어나 '창조적 혁신'의 새로운 모델을 제시해야 한다.

세계화 시대에 국가와 사회도 기업을 대하는 자세의 변화가 필요하다. 국민적 성원으로 쌓아올린 대기업이 행동주의 펀드와 같은 세계를 떠도는 기업 사냥꾼들의 먹잇감이 되어서는 안 된다. 엘리엇이 2018년 한국 정부를 상대로 제기한 투자자-국가분쟁해결절차ISDS 소송에서 정부는 1,300억 원이라는 거액의 혈세를 배상금으로 지불해야 했다. 최근 고려아연 사태에서 드러난 특정 세력 간의 이전투구는 기업발전과 국민경제에 전혀 도움이 되지 않는다.

이러한 현실에서 소액주주의 권익 보호를 위해 '이사의 충실의무' 대상을 기존의 '회사'에서 '회사 및 주주'로 확대하는 상법 개정안은 자칫 "빈대 잡기 위해 초가삼간을 태우는" 우를 범할 수도 있다. 헌법이 추구하는 '경제의 민주화'를 구현하기 위해 대주주의 일탈도 경계해야 하겠지만 동시에 "개인과 기업의 경제상의 자유와 창의를 존중"하는 균형 있는 경제정책이 그 어느 때보다 필요한 시점이다. 기업이 살아나야 나라 경제도 살고 근로자도 산다.

- 〈아주경제〉, 2024. 11. 26.

보수保守를 보수補修하라

한국 보수, 정통에서 쇠락으로

국민의힘 당사에 걸린 이승만·박정희·김영삼은 한국 보수의 적통이다. 더불어민주당의 김대중·노무현·문재인 전 대통령과 대비된다. 그런데 비상계엄으로 보수는 절멸의 위기에 처한다. 건국·산업화·민주화라는 세 개의 축은 튼튼한 안보와 평화에 기초하여 오늘의 대한민국을 만들었다. 공산당까지 포용하는 가치상대주의에 입각한 자유민주주의 일반 이론에 한계를 그으면서 공산당을 배척하는 한국적 자유민주주의를 구축한다.

타의에 의한 남북 분단이지만 그 결과 이 땅에서는 진보보다는 보수에게 더 많은 기회와 역할을 부여했다. 이승만은 독재와 부정선거로 쫓겨났지만 건국에 기여했다. 박정희는 군사 쿠데타로 집권했지만 초근목피로 연명하던 춘궁기를 벗어나 산업화를 성공시켰다. 김영삼은 3당 야합으로 비난받았지만, 호랑이 굴속으로 들어가 문민시대를 열었다.

한국 보수는 여기까지다. 군사정변의 주역인 전두환·노태우는 거명조차 되지 않는다. 샐러리맨 신화를 창조한 이명박과 박정희의 유산을 계승한 박근혜는 부정부패로 영어囹圄의 신세로 전락했었다. 다급해진 보수는 이명박·박근혜를 구속시킨 문재인 정부 검찰총장을 대통령 후보로 영입했다.

진보의 아이콘인 김대중은 집권 프로그램으로 군사정변 주역인 김종필과의 DJP 연합으로 집권에 성공하였다. 노무현도 재벌 2세 정몽준과의 단일화로 개혁정치의 산실이 되었다. 덩샤오핑鄧小平의 흑묘백묘론黑猫白猫論, 즉 검은 고양이든 흰 고양이든 목적 달성이 최우선이라는 방책의 실현이다. 그렇지만 안방을 통째로 내주지는 않았다. 김대중은 '김영삼 키즈'인 이인제를 영입했지만, 안방은 노무현이 지켰다. 김영삼은 민중당의 이재오·김문수를 비롯한 진보세력을 영입하였지만, 보수의 가치를 잃지 않았다.

보수는 자기성찰을 통해 환골탈태해야

한국 보수의 실패는 자생력을 상실한 데에서 비롯된다. 스스로를 구원하고 치유할 수 없는 상황에서 보수의 가치가 사라진 자리에 한 줌 기득권에 안주하는 기회주의만 득실거린다. 건국과 산업화를 이어 갈 자질과 능력도 보여 주지 못한다. 시대가 바뀌었는데, 선대가 쌓아올린 과실에 집착하여 과거회귀적 동상과 기념관, 영화 만들기에 집착한다.

실존적 현실에 기반한 역사와 전통의 존중, 성장을 통한 발전은 보수의 소중한 덕목이다. 하지만 과거에 의탁해서는 성장도 발전도 없다. 보수가 지켜야 할 최고의 덕목인 자유와 민주는 사치스러운 장식물이 되었다. 파면된 전 대통령이 취임사에서 그토록 강조하던 자유는 군대를 동원한 비상계엄 발동으로 허공 속에 날아가 버렸다. 자유는 다원성과 다원주의를 생명으로 한다. 그렇기 때문에 자유민주주의는 다원적 민주주의로 등치된다. 진보의 주무기인 만민평등에 대척할 수 있는, 보수의 능력주의에 입각한 민주로 국민적 호응을 얻어야 할 정책개발도 보이지 않는다.

한국의 보수는 비상계엄의 악몽에서 벗어나 통절한 자기성찰로 새 출발을 해야 한다. 77년 헌정사에서 여덟 번의 비상계엄은 보수의 뼈아픈 유산이다. 잘못을 잘못이라고 인정해야 한다. 이제 국리민복을 위한 성장 엔진을 가동해야 한다. 진보의 포퓰리즘에 맞장구치는 보수는 짝퉁 보수다. 건국과 산업화의 신화를 민주화로 승계하지 못하는 보수는 허구다. 원칙을 망각하고 책임지지 않는 보수에 나라를 맡길 수 없다. 늦었지만 절제와 관용은 진보의 전유물이 아니라 오히려 보수를 재건하는 소중한 가치로 작동해야 한다.

보수保守는 보수補修를 통한 환골탈태로만 국민의 사랑을 받는 보수로 거듭 태어날 수 있다.

— 〈한국일보〉, 2025. 4. 30.

국민을 진정으로 섬기는 모두의 대통령

87년 체제와 한국 민주주의의 여정

1948년 정부 수립 이후 자유민주주의 국가를 향한 국민적 열망은 1960년 4·19혁명에 이어 1987년 6월항쟁으로 귀결된다. 광장의 시민들은 '직선 쟁취'를 연호한다. 마침내 여야 '8인 정치회담'의 합의에 따라 87년 헌법체제가 정립된다. 헌법이 정치적 타협의 대상이 되어 흠결과 상처를 남긴다. 그래도 민주적 합의의 결과물이다. 하지만 '민주화 이후의 민주주의' 정착을 열망하던 국민적 요구는 그 첫발부터 삐거덕거린다. 민주화의 화신인 야당의 거목 김영삼·김대중의 분열은 결국 12·12 군사반란과 5·18 민주화운동 무력진압의 2인자 노태우의 당선으로 이어진다. 허망한 결과다. '뭉치면 살고 흩어지면 죽는다.'

첫 단추부터 어긋나기 시작한 87년 체제에서 3당합당, 김대중·김종필의 DJP연합, 노무현·정몽준의 단일화 등 혼돈과 여진은 계속된다. 여당 내부의 갈등은 노무현 대통령에 대한 탄핵소추로 파국을 맞이한다. 시민들은 다시 광장으로 집결한다. 탄핵은 헌재에서 기각되지만 그 여진은 남는다. '탄돌이'의 승리는 오히려 정권의 몰락을 재촉한다. 청계천 복원으로 대통령에 오른 이명박은 광장의 광우병 함성에 혼비백산한다. 후임자인 박근혜 대통령은 측근 비리 오명으로 광장의 희생자가 된다. 탄핵 인용으로 파면된 최초의 대통령이다.

탄핵 여파로 집권당이 사분오열된 상태에서 문재인 후보는 손쉽게 정권교체를 이룬다. 하지만 자신이 임명한 법무장관과 검찰총장의 갈등을 수습하지 못한 채 등을 돌린 윤석열 검찰총장에게 내몰린다. 노태우·김영삼, 김대중·노무현, 이명박·박근혜의 10년 주기 정권교체는 5년으로 단축된다. 하지만 극단적인 여소야대 상황을 극복하지 못한 대통령은 결국 파국을 자초한다. 2024년 12월 3일 엄동설한에 아닌 밤중에 홍두깨, 비상계엄 선포로 정국은 혼돈에 빠진다. 정치검찰 수준으로는 정치가 안 된다. 두 번째 탄핵 인용으로 대통령은 파면된다. 마침내 2025년 6월 3일 대선에서 3년 전 불과 0.73%p 차이로 패배한 이재명 후보가 사상 최다 득표로 당선된다. 전 세계 대통령제 국가에서 한 번도 경험하지 못한 세 번의 탄핵소추를 겪으면서 한국형 대통령제의 정착을 염원한 87년 체제는 종착역에 이른다.

새 시대를 여는 대통령의 과제

이제 광장의 민심을 국정으로 연결해야 하는 새 대통령 앞에는 축하만 하기는 너무나 많은 과제가 산적해 있다.

첫째, 제2차 세계대전 이후 유일한 분단국가인 대한민국에서 남북 분단도 서러운데 남남 갈등이 양극단에 이른다. 계층, 지역, 세대, 젠더, 빈부 등 켜켜이 쌓인 갈등을 통합으로 이끌어야 한다. 정치인들은 선거 때마다 늘 화합과 통합을 강조한다. 그러나 정작 권력을 잡은 이후에는 아랑곳하지 않고 유아독존의 성채를 쌓아 간다. 이제 전임자들의 잘못을 반면교사로 삼아 행동으로 진심을 보여야 한다. 취임사에서 '모든 국민의 대통령'임을 강조한 바와 같이 '정의로운 통합정부'를 기대한다. 그 정의는 일찍이 키케로가 적시한 바와 같이 '각자에게 그의 것을' 충족하는 정의여야 한다.

둘째, '먹사니즘'은 이 대통령의 창작이념이다. 인간의 삶의 기본적 수요는 의식주다. 소년공으로 먹고사는 문제의 어려움을 몸소 체험한 분이라 누구보다도 문제 해결을 위한 실천적 방책을 강구하길 기대한다. 취임사에서 '실용적 시장주의'를 강조했다. 이 대통령이 보여 준 경제정책 중에서 일부는 포퓰리즘이라는 비판도 받는다. 사법 리스크가 있음에도 국민들은 민생 문제 해결의 적임자로 선택한 것이다.

미국의 트럼프 시대에 세계경제는 혼돈을 거듭한다. '마가Make America Great Again'로 상징되는 극단적인 자국이기주의가 팽배한다. 한국은행조차 경제성장을 1% 미만으로 사상 최저를 예측한다. 수출입국輸出立國으로 쌓아올린 공든 탑은 위기에 봉착했다. 마이너스 수출에 직면했다. 시내 곳곳에 빈 점포가 넘쳐난다. 자영업자들은 1997년 IMF 환란 때보다 경제가 더 어렵다고 아우성이다. 군사 쿠데타로 집권한 박정희 대통령은 인권탄압과 장기집권으로 몰락했지만 국민들은 여전히 추앙한다. OECD 국가에서 유일하게 부녀父女 대통령이 탄생한 이면에는 산업화를 성공시킨 '경제 대통령'이 자리 잡고 있다.

대통령은 취임사에서 "박정희 정책도 김대중 정책도 구별 없이 쓸 것"이며, "진보·보수 없다, 실용적 시장주의 정부가 될 것"이라고 했다. 이는 '국리민복國利民福'을 최우선으로 삼겠다는 의지의 표현이다.

중남미의 민주화 과정에서 존경받는 지도자가 드문 이유도 간단하다. 백성들은 굶주리게 해 놓고 포퓰리즘으로 쌓아올린 그들만의 성채는 사상누각에 불과하다는 사실은 역사가 증명한다. 광활한 자원대국 브라질·아르헨티나 산유국 베네수엘라의 실패가 이를 단적으로 보여 준다. 조국을 등지고 미국과 유럽으로 향하는 남미와 중동의 이민행렬은 정치 지도자들이 국민들의 '먹고 사는' 생존 문제를 책임지지 못한 결과다. 20세기를 반분한 자유민주주의에 적대적인 인민민주주의의 파탄도 결국은 경제 실패로부터 비롯되었다.

셋째, 한반도의 지정학적 특성에 걸맞은 외교안보정책이 요구된다. 중국·러시아는 한반도와 국경을 마주하고 일본은 지리적으로 가장 가까운 이웃이다. 그럼에도 대한민국은 광복 이후 미국과의 친교를 통하여 오늘의 안정과 번영을 구가한다. 전쟁으로 맺어진 혈맹은 자유민주주의 국가의 핵심적 일원으로 작동한다. 미국은 한미일 동맹을 강조한다. 일본과의 불행한 과거를 청산하고 큰 틀에서의 협력이 불가피하다. 물론 초강대국 중국·러시아와의 관계를 도외시해서도 안 된다.

더구나 북한은 기존의 1국 2체제를 버리고 2국 체제로 분단을 고착화하려 한다. 남북 간 적대관계를 청산하고 대화를 부활해야 한다. 친미외교가 핵심이지만 중국·러시아와의 외교를 결코 소홀히 해서는 안 되는 이유이기도 하다. 중국은 동북공정에 이어 서해에서 공정을 이어 간다. 국익 앞에 '동맹파와 자주파'의 갈등은 설 자리가 없다. 러시아의 위협 속에 이원정부제로 '국가의 존립과 안전'과 내치를 구분하여 정치적 안정을 구가하는 핀란드의 모델도 참고해 볼 만하다.

넷째, 정치도 문제다. 국무회의는 헌법상 최고의 정책심의기구이다. 그런데 토론은커녕 대통령실의 주문을 통과시키는 거수기로 전락했다. 국정 현안 논의의 중심축에 국무회의가 자리 잡아야 한다. 책임 내각을 구현하기 위해서는 대통령실보다는 내각에 힘이 실려야 한다. 대통령실은 최소한의 조직으로 국정의 핵심적인 정책 방향을 제시하고 내각은 이를 실천하는 구현자여야 한다.

대통령중심제 국가에서 대통령이 누구와 만나고 대화하느냐에 따라 각기 위상이 달라진다. 청와대 참모에만 의탁하지 말고 총리, 내각과 널리 소통해야 한다. 무엇보다 정보의 편식을 경계해야 한다. 대통령의 오판은 자칫 국가적 불행을 자초할 수 있기 때문이다. 인수위가 없는 상황에서 곧바로 취임한 대통령의 첫 인사는 지인 중심으로 짜일 수밖에 없다는 점을 인정한다. 향후 적재적소에 널리 인재를 등용하는 탕평인사를 통해 통합과 화합의 메시지를 보여 주어야 한다. '인사가 만사다.'

국회의 절대적 지지를 받는 대통령은 입법부를 좌지우지할 수 있다. 취임하자마자 국회는 사상 처음으로 여당이 발의한 내란·김건희·채상병 3특검법을 통과시킨다. 특검에 차출되는 검사는 120명이다. 전국에서 두 번째로 큰 인천지검 검사보다 더 많다(검사 현원 2,004명, 서울중앙지검 216명, 인천지검 115명). 특검이 정치보복의 서막이라는 오해를 불식시켜야 한다. 검찰 수사권 박탈을 주창하면서 특검 수사검사 차출은 자가당착에 처할 수 있다.

다섯째, 탄핵 후유증도 하루빨리 수습해야 한다. 직전 대통령의 내란죄 재판이 진행 중이고, 국무총리·국무위원과 고위 군·

경 관계자가 동시에 연루되어 있다. 내란 문제로부터 자유로운 이 대통령이 자칫 내란 논란에 휩싸이지 않아야 한다. 또한 대통령의 사법 리스크가 정쟁의 대상이 되어서는 안 된다. 법원이 결단을 내리고, 야당도 화합 차원에서 받아들여야 한다. 국민적 정당성을 담보한 대통령에 대해 재직 중 사법 절차를 진행하는 것은 적절치 않다. 재판은 퇴임 후에 재개되어도 늦지 않다. 취임 후 재판 중단을 입법화한 2007년 프랑스 헌법은 시사하는 바가 크다.[1]

특히 대통령은 법원과 검찰을 비롯한 형사사법체계 개혁을 강조한다. 그 개혁은 너무 늦어도 안 되지만 너무 서둘러도 안 된다. 윤석열 정부의 의료개혁 실패는 좋은 반면교사다. 대법관을 14명에서 30명으로 파격적으로 증원하려 한다. 재판 지체를 해결하려는 의지는 일리가 있다. 진보·보수 정권에서 각기 사법개혁안을 제시한 바 있다. 상고법원이 아니라면 대법원에 대법관과 일반법관의 이원화가 필요하다.

검수완박, 즉 검찰의 수사권 박탈도 현안과제다. 공수처의 실패를 타산지석으로 삼아 기소청 전환도 신중해야 한다. 공수처는 이상적인 제도일지라도 현실적응성을 가지기는 쉽지 않다. 왜 OECD 국가에서 공수처와 같은 조직을 도입하지 않는지에 대

---

1 성낙인(2025), 《헌법학》(제25판), 법문사, 571쪽.

한 근본적인 성찰이 필요하다. 제도의 기본틀을 벗어나는 예외적인 기관의 설치는 지나치다 싶을 정도로 세심하게 설계되어야 한다. 법치주의에 어긋나는 시행령 통치의 산물인 행정안전부 경찰국과 법무부 인사관리단 폐지는 적절한 조치다.

여섯째, 무엇보다 갈등과 한계를 드러낸 87년 체제를 정리하고 새롭게 헌법의 틀을 짜야 한다. 대선 과정에서 이 대통령을 비롯한 모든 후보자들이 개헌을 약속했다. 새 헌법은 대한민국의 백년대계를 설계하고 통일시대까지 대비하는 헌법이어야 한다. 국회에서도 여러 차례 개헌안을 제시한 바 있다. 2018년 문재인 대통령이 제시한 정부 발의 개헌안은 국회에서 자동 폐기되었지만, 민주당 정부 차원에서 계승해야 한다. 대한민국헌정회·한국헌법학회를 비롯하여 각계각층에서도 개헌안을 제시한다. 그 내용은 한결같다. 제왕적 대통령은 실패했으므로 권력분산형 대통령제든 이원정부제든 간에 대통령의 권력 독점은 안 된다.

결론은 간단하다. 대통령과 국회 다수파 간 국정 파탄이 아니라 대통령과 국회 다수파가 동반자여야 한다. 이를 위해 총리를 비롯한 내각은 국회의 신임에서 비롯된다는 점을 헌법규범으로 명시해야 한다. 더는 국민들이 정치를 걱정해서는 안 된다. 임기 중 87년 체제를 종식시키고 새로운 대한민국 헌법을 만들어야 한다. 헌법이 곳곳에 안고 있는 흠결도 보정해야 한다. 방탄복·방탄유리와 함께한 대통령은 누구보다 대통령 선거의 문제점을 잘 알고 있을 것이다. 격변하는 인공지능 시대에 세계화·정보화·지방화에 능동적으로 대응하는 헌법이어야 한다.

마지막으로 대통령은 겸손해야 한다. 민주공화국의 주인은 국민이다(헌법, 제1조). 세입자가 주인 노릇해서는 안 된다. 대통령 직만 오르면 권위적으로 돌변했던 전임자들의 잘못된 전철을 밟아서는 안 된다. 취임식 직후 여성 청소원을 안아 주던 자상한 모습과 따뜻한 마음이 5년 내내 변치 않아야 한다. 현충원 순국선열 앞에서 맹세한 대로 진정으로 '국민을 섬기는 대통령'이 되기를 바란다. 말뿐만이 아니라 행동으로 보여 주어야 한다. '큰 귀'를 가지고 열린 자세를 가져야 한다. 칭찬과 아부에 영합하지 말고, 쓴소리도 경청해야 한다. '달면 삼키고 쓰면 뱉는' 감탄고토甘吞苦吐를 경계해야 한다. '선출된 군주elected monarch'로 군림할 것이 아니라 봉사하는 낮은 자세로 국정에 임하길 기대한다. 87년 체제에서 마지막으로 성공한 대통령으로서 대한민국과 대한국민에게 희망을 불어넣어야 한다.

- 〈아주경제〉, 2025. 6. 9.

새로운 대한민국의 구상

탄핵 이후, 대한민국은 어디로 가야 하나?

대한민국은 어디로 가고 있나. 윤석열 대통령 탄핵 이후 대한민국 컨트롤타워가 사실상 부재한 상황에서 주요 국정 현안들이 표류하고 있다. 내외부 경제 여건도 녹록지 않다. 더구나 정치권은 조기 대선 국면으로 전환되면서 탄핵 찬반 과정에서 갈라진 진보와 보수 간 첨예한 갈등 역시 해소되지 않고 있다. 문제는 이러한 대립과 반목은 국가적 혼란과 위기를 가속화할 수 있다는 점이다.

이제는 국론 분열을 끝내고 통합과 화합의 길로 나아가야 한다는 목소리가 높다. 급변하는 국제 정세와 글로벌 복합위기 상황을 고려할 때, 둘로 쪼개진 국론을 봉합하고 안정을 되찾을 수 있도록 국민적 힘을 모아야 한다는 얘기다. 심각한 정치적·사회적 갈등을 봉합하고 이제는 대한민국의 성장 동력을 높이는 데 힘을 모아야 탄핵 정국과 경제 악화 등 복합적 위기를 극복할 수 있다.

이에 탄핵 이후 대한민국이 마주한 현실 진단과 위기 극복을 위한 해법 모색, 교육계 당면 현안과 해결 방안 등에 대해 교육계 원로의 고견을 듣는 자리를 마련했다. 여기서 제시한 비전과 가감 없는 고언이 현 시국을 풀어가는 단초가 될 수 있을지 주목된다.

헌법재판소 판결의 정당성에 대해

헌법재판소가 윤석열 대통령에 대한 국회의 탄핵소추안을 전원일치로 인용했다. 12·3 비상계엄 선포부터 탄핵심판 선고까지 무려 122일간의 과정에서 불거진 보수와 진보 진영의 갈등의 여파가 지속되고 있다. 헌재의 판결에 대해 어떻게 생각하고 있는가?

내가 재판관이라면 비상계엄령과 포고령만 심의했을 것이다. 비상계엄 발령 그 자체는 사법적 판단을 자제해야 하는 통치행위다. 하지만 비상계엄 발동요건은 헌법에 명시되어 있다. 그런 점에서 헌재는 통치행위에 대한 사법심사를 어떻게, 어느 범위까지 할 것인가에 대한 판시와 더불어 비상계엄이 헌법상 요건을 갖추지 못한 위헌적 행위임을 밝히면 된다. 이어서 발령한 포고령은 통치행위가 아니기 때문에 헌법과 법률 위배 여부를 적극적으로 판단해야 한다. 헌법상 비상계엄의 발동요건인 "전시 사변 또는 이에 준하는 국가비상 사태"라고 보기 어렵다. 포고령 제1조의 국회 권한에 대한 제한도 위헌, 위법임이 분명하다. 나머지 사안들은 부수적인 것이다. 그런 점에서 인용 결정문은 쉽게 작성할 수 있겠지만 기각은 논리 전개에서 심각한 한계에 봉착했을 것이다. 오랜 심리 후 각하는 더욱더 불가능하다. 그만큼 탄핵은 인용될 수밖에 없었다는 점을 방증한다.

어찌됐든 헌재의 8 대 0 결정은 잘됐다고 본다. 헌재의 존재이유가 정치적 평화와 사회적 통합에 있으므로 탄핵이 기각 혹은 각하될 경우 우리 사회가 혼란스러운 상황에 처할 가능성을 고려했으리라고 판단한다. 다만 중차대한 개별 논점에서 반대 의견이 한 명도 나오지 않고 보충 의견만 있었던 점은 아쉬운 지점이다.

한국 정치의 새로운 분기점

헌법재판소의 윤석열 대통령 파면 결정이 된 이후 정치적 불확실성은 걷혔다. 하지만 아직도 양분된 여론으로 사회적 갈등이 심각한 상황이다. 작금의 사태에 대해 어떻게 보나?

비상계엄 선포로 국가적 위기 상황을 초래한 것에 대해서는 대통령의 책임이 가장 크다. 민주화 이후의 민주주의를 구축하고자 한 87년 체제는 뜻하지 않은 비상계엄과 탄핵으로 끝났다고 보아야 한다.

이제 87년 체제를 종식하고 제7공화국 체제로 나아가야 한다. 2024년 총선 결과 87년 체제에서 처음으로 대통령 재임 중 단일 야당이 의회 다수파라는 상황이 연출되었다. 이때 동거정부를 한다든지, 아니면 어떤 형태들의 권력분점이 이루어졌어야 했다. 하지만 그렇지 못하고 대통령과 국회라는 국민적 정당성을 가진 두 개의 기관이 마주보고 달리는 기관차처럼 끊임없이 부닥쳤고, 결국 비상계엄과 탄핵 국면까지 온 것이다.

통합과 관용의 리더십이 필요하다

현 시대 지도자가 갖춰야 할 덕목으로 무엇을 꼽을 수 있나?

현 지도자에게 가장 필요한 덕목으로 '톨레랑스tolerance'(관용)를 꼽고자 한다. 사회 통합이 그 어느 때보다 절실한 시점이라서 더욱 그렇다. 상대방을 악마화하는 사람들은 절대 지도자가 되어서는 안 된다. 상대방을 불필요한 존재로 간주하면 바로 극단의 정치로 빠질 수밖에 없다. 지도자는 설령 자신이 하고 싶은 말이 있더라도 한 번 더 삼켜 책임감 있는 언행을 해야 한다. 하루 24시간 중에서 잠자는 시간을 제외하고는 '절제'와 '관용'이 몸에 배어 있어야 진정한 지도자라고 할 수 있다. 만약 하고 싶은 이야기를 다 말해 버리거나 자신의 기분대로 행동한다면 그냥 시정잡배에 불과할 것이다.

교육정책, 실험이 아닌 점진적 개혁으로

윤석열 대통령 파면 여파로 윤석열 정부가 추진해 온 각종 교육개혁 정책들에 제동이 걸릴 것으로 보인다. 교육정책의 연속성과 안전성 측면에서 어떻게 되는 것이 바람직할까?

교육정책은 학생들을 대상으로 실험하는 분야가 아니다. 정치적 환경이 변해도 흔들리지 않는 정책 방향이 마련되어야 한다. 평생 대학인의 한 사람으로 살아오면서 또한 대한민국 국민의 한 사람으로서 교육을 정치적 실험대상으로 삼아서는 안 된다고 줄곧 생각해 왔다. 문제는 현실은 그렇지 못하다는 점이다.

실제로 우리나라 대입제도 역사가 변화무쌍했고 정권 교체만 되면 대학수학능력시험 개편 등 입시제도 변경으로 일선 교육 현장은 혼란을 불러왔다. 교육에 있어서는 과격한 변화가 이뤄져서는 안 된다. 대입 제도가 일부 관변학자들의 섣부른 정책 제언으로 놀이터가 되었다는 지적도 귀 기울일 필요가 있다. 가령, 도입한 지 30년이 넘은 대학수학능력시험도 문제가 있다고 하면 시험 자체를 없애는 것이 능사가 아니라, 문제가 되는 지점을 조

금씩 바꿔 가는 식의 교육정책이 바람직하다. 그간 외국의 좋다는 제도는 다 들여와서 실험 대상으로 삼아 왔다. 이제 조용히 침잠하면서 점진적이고 순차적인 개혁에 집중할 때다.

과학기술정책은 흔들려선 안 된다

미국과 중국 간 패권 경쟁에서 우리나라의 영향력을 확보할 수 있는 길은 결국 과학기술 투자와 과학기술 인재 양성뿐이라는 주장이 강하다. 구체적인 방법론은 무엇인가?

일부이지만 윤석열 정부 당시 R&D에 카르텔이 있긴 했다. 하지만 극히 일부 카르텔 때문에 R&D 예산을 대폭 삭감한 것은 바람직하지 못한 일이었다. 정부 정책이 쉽게 바뀌면 교육 현장에서는 혼란이 클 수밖에 없다. 과학계가 윤 정부에 등을 돌린 이유도 R&D 예산을 대폭 삭감한 정책 때문이었다고 본다. 무엇보다 연구자들에게 연구 의욕을 고취시킬 수 있는 환경을 조성해야 한다. 왜 의대 쏠림현상이 나왔는지, 왜 의대 개혁은 안 되는지에 대한 근본적 성찰이 필요하다.

법교육으로 민주시민을 키우자

산업화와 민주화를 모두 달성한 대한민국이 왜 이런 위기를 겪어야 할까? 이념 갈등으로 빚어진 주요 쟁점을 교육적 해법으로 풀 수 있는 방안은 없을까?

헌법 제1조 1항에 "대한민국은 민주공화국이다"라고 적시되어 있다. 탄핵 정국 속에서 정치적 혼란을 겪은 국민들은 헌법을 다시 들여다보고 있다. 민주시민이 되기 위한 법교육이 중요하다. 이른바 민주시민 교육을 강조하고 싶다. 나는 20년 전부터 법무부와 민주시민 교육을 실천해 왔다. 우리 재단과 법무부가 손잡고 유치원, 초·중·고, 대학에 이르기까지 관련된 교육을 많이 하고 있다. 한국법교육학회를 만들고 초대회장까지 지내면서 법교육의 대중화를 위해 노력해 왔다.

특히 자라나는 학생들을 위해서 생활법교육이 이루어져야 한다. 이는 학생들이 합리적 사고력과 법적 소양을 갖춘 민주시민으로 성장할 수 있는 토대가 될 것이다. 한편, 법교육 테마공원으로 '솔로몬파크'가 있다. 이곳은 법과 제도를 쉽게 이해하고 체험할 수 있도록 꾸며 놓아서 학생들과 교육 당국의 호응이 매우 높다.

다원적 민주주의 시대, 교육은 자유로 답하라

교육제도와 정치 영역에서 어떤 변화가 필요할까? 교육계 원로로서 한마디 조언을 부탁한다.

무엇보다 젊은이들의 다름을 인정해야 한다. 대한민국이 지향하는 가치가 자유민주주의 아닌가. 달리 표현하면 다원적 민주주의인데, 이는 상대방의 다름을 인정하는 데서 출발한다.

우리 젊은이들을 보면 장점이 많다. 요즘 K-컬처, K-뮤직, K-드라마, K-뷰티, K-푸드, K-케미컬 등 'K-'로 시작하는 것의 전성시대다. 이 모든 것이 젊은이들이 무언가에 집중하고 열광해서 나오는 성과라고 여겨진다. 긍정적 현상이다. 우리 기성세대들은 그냥 주어진 것에 얽매여서, 먹고사는 데 바빴다. 하지만 대한민국 1인당 국민소득 3만 달러 시대에 사는 젊은이들은 기성세대와 다르게 살아가야 한다.

특히 대학은 자유의 공기를 마시는 곳 아닌가. 자유가 없으면 대학이 아니다. 젊은이들에게 더 많은 자유의 공기를 불어넣어 줘야 하고 기성세대가 이른바 '꼰대'처럼 '이래라, 저래라' 하면 안 된다. 대한민국의 미래인 젊은이들이 마음껏 꿈을 펼칠 수 있는 교육 현장을 만들어 주는 것이 교육계 원로들의 역할이라고 생각한다.

- 〈한국대학신문〉, 2025. 4. 25.

통합과 실용의 길을 향해

경제 회복과 국정 안정이 우선이다

이재명 대통령이 6·3 대선에서 승리해 새 정부를 출범시키자마자 산적한 경제·안보 난제들에 직면했다. 이 대통령은 좌우 이념에 매몰되지 않는 실용주의로 국가의 복합위기를 극복하려 하지만 계엄·탄핵 사태로 심화된 정치 불안, 국론 분열을 해소하지 못하면 해결 동력을 얻기 어렵다.

대표적인 원로 헌법학자인 성낙인 전 서울대 총장은 자신이 이사장으로 재직 중인 자녀안심국민재단의 사무실에서 〈서울경제〉와 인터뷰를 갖고 "이번 대선 결과로 드러난 민심은 협치하라는 국민의 명령이었다"며 "이 대통령은 전임 정부와 같은 독단적 국정 운영 방식을 피하고 정치를 복원해야 한다"고 말했다. 이어 자유민주주의와 법치주의 등을 확립하기 위해 여권이 이 대통령의 사법 리스크와 관련된 〈형사소송법〉, 〈공직선거법〉 등을 무리하게 개정하는 것을 자제해야 한다고 강조했다. 최근 거대 여당의 국회 강행 처리로 3대 특검(내란·김건희·채상병 특검)이 가동되는 것과 관련해 "지금 우리 국민들이 가장 바라는 것은 경제 문제 해결과 국정 안정"이라며 "특검을 백 번 해본들 경제 문제를 해결하지 못하고 내치가 불안하면 민심을 얻는 데는 별 소용이 없을 것"이라고 했다.

정권 교체를 낳은 6·3 조기 대선의 의미와 결과를 어떻게 평가하는가?

1987년 대통령 직선제 개헌으로 제6공화국을 탄생시킨 '87체제'가 종언을 맞이하고 있음을 보여 주었다. 국민에 의해 선출된 대통령이 두 번이나 파면됐으면 87체제를 끝낼 때가 됐다.

유권자들은 이번 대선에서 비상계엄으로 탄핵당한 정권의 연장을 허락하지 않았다. 그런데도 김문수 국민의힘 후보와 이준석 개혁신당 후보의 득표수를 합치면 당선된 이 대통령보다 많다. 정권을 교체해도 건전한 야당은 필요하다는 민심이 작용한 것이다.

협치와 법치, 새 정부의 첫 시험대

이 대통령이 취임하면서 '모두의 대통령'이 되겠다고 약속한 것을 실천하려면 무엇부터 해야 하는가?

여당인 더불어민주당은 야당 시절이었던 2024년 4월 총선에서 승리해 국회에서 압도적 다수 의석을 확보했다. '대통령이 야당과도 잘 지내며 통합의 정치를 펴라'는 민심 덕분이었다. 윤석열 전 대통령은 이런 민심을 따르지 못해 국정 실패를 초래했다. 이 대통령이 약속한 대로 '모두의 대통령'이 되겠다면 윤 전 대통령과 같은 독단에 빠져서는 안 된다.

이 대통령이 재임 중 가장 역점을 둬야 할 국정 과제는 무엇인가?

경제 살리기와 국민 화합이다. 우리의 1인당 국내총생산GDP은 3만 달러를 넘어섰다. 1인당 국민총소득GNI은 일본보다 높다. 그러나 국민이 체감하는 경제 상황은 매우 좋지 않다. 서울 강남권에서조차 1층 상가 건물에 빈 가게들이 즐비하다. 공단 관계자들은 "공장들이 (경영난으로) 무인지경"이라고 한다. 이러니 과거 고도성장기에 대해 향수를 갖는 국민들이 많다. 1인당 GDP 3만~4만 달러 수준의 국가가 과거처럼 고도성장을 하는 것은 불가능하다. 그럼에도 경제성장에 대한 국민적 열망이 높다는 점을 새 정부가 유념하고 정책을 펴야 한다.

이 대통령이 국정을 안정시키고 경제·안보 난제를 해결하기 위해 지켜야 할 정부 인사 원칙을 꼽는다면.

적재적소 인사 원칙을 대통령이 유념했으면 좋겠다. 어떤 자리든 그 자리에 앉고 싶은 사람들이 집요하게 아부할 것이다. 그런 사람은 중용하면 안 된다. 친소 관계를 떠나 그 자리에서 유능하게 일할 수 있고, 도덕성을 갖춘 인물을 뽑아야 한다. 현 정부가 장차관 후보 등을 고를 때 '국민추천제' 방식을 적용한다는데 어차피 국가적으로 중요 업무를 맡을 수 있는 커리어를 갖춘 인재 풀은 수백명 정도다. 그중 충분한 검증을 거쳐 적재적소 인선을 해야 한다.

여권 등에서는 문민 출신 국방부 장관, 비법조인 출신 법무부 장관을 임명하자는 이야기도 나온다. 지금은 나라가 워낙 어수선하고 불안정하다. 우선 내치를 안정시키고 국가 안보를 튼튼히 하는 게 시급하다. 그런 차원에서 비군인 출신 국방부 장관이나 비법조인 출신 법무부 장관 인선은 국정을 안정시킨 후 2기 내각 때 추진하는 것이 바람직하다.

계엄·탄핵과 대선을 거치면서 삼권분립 원칙을 비롯한 자유민주주의와 법치주의 등의 헌법 가치가 심각하게 흔들렸다는 지적이 있다.

1948년 정부 수립 이래 자유민주주의를 확립하기 위한 정치적 전통과 관행이 쌓여 왔다. 정부와 여야는 이를 존중하고 발전시켜야 한다. 국회 주요 상임위원장 배분에 있어 운영위원장은 여당에서 맡고, 법사위원장은 야당이 맡는 게 의회 관행으로 정립되어 왔다. 이명박 정부 시절에 여당이 압도적 다수당이었는데도 법사위원장을 야당에 주었다. 이제 민주당이 여당이다. 법사위원장을 야당에 주는 것이 관행에 부합한다.

삼권분립을 위해 압도적 다수 의석을 가진 여당이 독주를 자제하는 게 필요할 것 같은데.

여당이 최근 대통령에 당선된 피고인의 형사재판 절차를 대통령 재직 기간 중 정지시키는 〈형사소송법〉 개정안과 쟁점이 남은 〈정부조직법〉 개정안 처리를 늦추며 속도를 조절 중이다. 하지만 여당은 여러 논란을 사고 있는 '내란·김건희·채상병 특검법안'을 국회에서 일방적으로 통과시켰다.

    이들 3대 특검에 파견되는 검사가 무려 120명이다. 우리나라 검사 수는 총 2,000명 정도인데 거기서 두 개 지방검찰청과 맞먹는 규모의 검사 120명을 특검으로 빼면 다른 수사의 인력 공백을 어떻게 하라는 것인가? 특검을 꼭 하겠다면 남용하지 말고 필요한 사안에 대해서 적정 규모로만 하는 것이 바람직하다고 본다.

개혁보다 국민 신뢰가 중요하다

여권으로서는 특검 등으로 사정 정국을 이어가는 것이 내년 6월 지방선거에 유리할 것이라고 생각할 수 있다.

특검 정국을 오래 끌면 정치 보복 프레임에 갇힐 수 있다. 국민은 지난 6개월간 계엄·탄핵으로 시달렸고, 먹고살기도 힘든데 정치권이 맨날 싸우는 모습을 더 보고 싶겠는가.

여당이 현재 14명인 대법관 정원을 30명으로 증원하는 〈법원조직법〉 개정안을 추진하고 있다.

대법관 증원은 상고심 적체 해소 등의 명분으로 추진되고 있다. 재판 지연 문제가 해소되어야 하는 것은 맞지만 대법관 증원 없이도 문제를 풀 수 있다. 대법원은 현재 대법관 14명 중 대법원장과 법원행정처장을 제외한 12명을 4명씩 나누어 3개 재판부를 구성하고 있다. 이 방식을 고쳐 대법관 12명에게 각각 재판장을 맡기면 재판부를 12개까지 늘릴 수 있다. 12개 재판부의 배석판사는 대법관이 아닌 법조 경력 20년 이상 대법원 파견 판사로 구성하면 된다. 법조 경력 20년 이상이면 부장판사 내지 법원장급이다.

이 대통령의 사법 리스크가 완전히 해소되지 않은 가운데 여당이 대통령 재판 중지를 위한 〈형사소송법〉 개정안, 허위사실공표죄 구성 요건 중 '행위'를 삭제하는 〈공직선거법〉 개정안을 추진해 사법 불신 우려를 키우고 있다.

우리 헌법의 이념적·법적 기초는 국민주권주의다. 국민이 선출한 대통령에게 '아직 재판이 끝나지 않았으니 재임 중이라도 법원에 나오라'고 하는 것은 적절치 않다. 그렇다고 해서 민주당이 〈형사소송법〉, 〈공직선거법〉 등을 고쳐 이 대통령 재판 문제를 어떻게 해보려는 것도 적절치 않다. 이것은 '대통령의 형사상 불소추' 특권을 규정한 헌법 84조의 문제다. 헌법의 하위 규범인 법률을 고쳐 헌법적 이슈를 푸는 것은 합당하지 않다. 최근 이 대통령 재판에 대해 헌법 84조를 들어 재판을 연기하는 법원 결정도 나왔으므로 여당은 자중할 필요가 있다.

'검수완박'(검찰 수사권 완전 박탈)을 추진했던 여당이 이제는 검찰청 폐지와 검사의 수사권과 기소권을 분리하는 법안을 발의한 것 등을 놓고 검찰의 독립성·공정성 훼손 논란이 적지 않다.

검찰이 우리나라처럼 수사권·기소권을 다 갖는 경우는 세계적으로 드물다. 과거에는 모든 사건의 수사권을 검찰에 주었으니 문제가 되었다. 다만 검경 수사권 조정을 거치면서 검찰의 수사권은 6대 범죄(부패, 경제, 공직자, 선거, 방위사업, 대형참사)로 조정되었다가 다시 2개(부패·경제)로 축소됐다.

이제 검찰제도를 잘 운영하는 안정화 작업에 집중해야 한다. 그런데 여권은 검찰청을 폐지해 공소청을 신설하겠다고 한다. 또 총리실에 국가수사위원회를, 행정안전부에 중대범죄수사청을 신설하려 한다. 권력분립과 법치주의 측면에서 위헌 논란 소지가 있다. 검찰 이외에 예외적으로 공수처나 특검 같은 제도를 둔 나라는 각각 영국, 미국을 제외하면 주요국 중에서 거의 찾기 어렵다.

이 대통령이 분배뿐만 아니라 성장을 강조하며 실용주의를 표명했다. 기업 경영에 부담을 주는 〈상법〉 개정 등은 자제해야 한다는 여론도 있다.

이제 기업 규제는 국내 문제를 넘어 글로벌 경쟁력의 문제다. 국가적으로 규제를 풀어 기업을 잘 경영할 수 있도록 해 주어야 한다. 대기업들도 인식 전환을 해야 한다. 과거 고도성장기에 대기업들은 정부 혜택을 받았다. 이제 와서 잘된 것은 자기가 잘한 덕분이고 못된 것은 정부 탓이라고 하는 식으로 비치면 국민정서에 어긋난다. 대기업들도 그런 점을 유념해 신중히 행동해야 한다.

- 〈서울경제〉, 2025. 6. 17.

5장

헌법현실에 기초한 헌법개정의 방향

* 이 장은 저자의 공저 《적대 정치 청산과 개헌을 말하다》(2025) 4장의 내용을 다시 수록한 것이다.

헌법현실을 직시한 헌법개정 논의

민주주의의 고향이라는 영국에서 보통·평등·직접·비밀선거를 실시한 지 불과 20년 후인 1948년 대한민국도 이를 실현했다.[1] 역사의 기적이다. 1948년 헌법은 한편으로 대한민국의 건국헌법이면서 동시에 대한민국 임시헌법의 법통을 이어받은 헌법이다. 이후 "헌법이 춤추는 왈츠 시대"를 잠재운 헌법이 바로 1987년 제6공화국 헌법이다.[2]

개헌 논의와 관련하여 이제 무엇보다 현행헌법에 대한 정확한 진단과 더불어 헌법규범과 헌법현실에 대한 정확한 이해가 전제

---

[1] 성낙인(2025), 《헌법학》(제25판), 법문사, 155쪽 이하; 성낙인(1998), 《선거법론》, 법문사, 35쪽 이하 참조. 영국에서도 1928년의 제5차 선거법 개정을 통해 비로소 보통·평등선거가 실시되었다.

[2] 성낙인(2005), "한국헌법사에 있어서 공화국의 순차(서수)", 〈서울대 법학〉, 46권 1호, 서울대 법학연구소, 134~154쪽; 성낙인(2018), 《헌법학》(제18판); 성낙인(2012), 《대한민국헌법사》, 법문사 참조.

되어야 한다. 이하에서는 저자의 헌법철학인 '국민주권주의', 그리고 법이념의 구현에 있어 실존적 현실을 직시한 '법적 실존주의existentialisme juridique'와 정의의 여신이 추구하는 균형의 저울 추를 규범과 현실에 착근하고자 하는 '균형이론Balance Theory'에 기초하여 대한민국 헌법의 개정 방향을 살펴본다.[3]

---

[3] 이 글은 저자가 수년에 걸쳐 발표한 헌법개정 관련 논문 및 논설에 기초하여 작성했다. 그간 몇 년의 시간이 흘렀기 때문에 그 후에 전개된 개헌 논의를 추가했다. 특히 성낙인(2018), 《헌법학 논집》, 법문사, 3~71쪽; 성낙인(2004), "극단적 정쟁 해소를 위한 바람직한 정부·국회구조 개헌방향", '새로운 헌법의 모색과 방향' 헌정회 주최 개헌포럼 기조 발제문 참조.

처음 맞이한 헌법의 안정 속에
새로운 헌법의 모색

혼란 중에 단행된 개헌에서 안정 속의 개헌으로

역사적으로 절대군주제의 종언을 고하는 공화국의 창건은 핏빛으로 얼룩져 왔다. 주권재민의 근대혁명을 연 1789년 프랑스혁명은 국왕을 '기요틴의 이슬'로 사라지게 했다. 1948년 이 땅에 최초로 핏빛 없는 온전한 민주공화국 시대를 열었지만,[4] 그 대가로 어둡고 긴 역사의 터널을 헤쳐 나가야 했다. 1987년까지 9개의 헌법이 명멸해 갔다.[5] 하나의 헌법이 4년을 채우지 못한

---

4   제헌헌법의 탄생에 관해서는 김수용(2008), 《건국과 헌법》, 경인문화사; 제헌헌법 이전 연구로는 신우철(2008), 《비교헌법사: 대한민국 입헌주의의 연원》, 법문사 참조.
5   성낙인(2012), 《대한민국헌법사》, 법문사; 김철수(1988), 《한국헌법사》, 대학출판사; 김영수(2000), 《한국헌법사》, 학문사; 한국정신문화연구원(1991), 《한국헌법사》(상)·(하).

헌정사의 파탄 속에서 민주헌정은 집권자의 야욕으로 멍들어 갔다.

1952년 6·25 전쟁 때 임시수도 부산에서 야당과 민심을 외면한 채 이승만 대통령은 대통령직선제 개헌을 단행했다. 제1차 개헌의 화두가 간선 고수라면 1987년 제9차 개헌의 핵심은 직선 쟁취였다. 이는 정치제도에는 절대선도, 절대악도 없음을 단적으로 보여 준다. 역사의 아이러니이자 동시에 역사의 순환을 보여 준다. 역사의 물결과 흐름에 순응하는 것이 최고의 덕목이었다.

시대정신에 순응한 헌법:
경성헌법에서 연성헌법으로

헌법이 지나치게 경직적이어서 국민생활의 현실이나 국민적 요구를 제대로 반영할 수 없었기 때문에 선택적 국민투표제의 도입을 통해 헌법개정에서 연성화의 필요성도 제기되었다.[6] 1972년 제4공화국 헌법에서도 개헌 절차에서 선택적 국민투표제를 도입한 바 있다. 다른 나라들도 오히려 필수적 국민투표제를 도입하는 것이 예외적인 경우다.

---

6   정대철 헌정회장(2014. 7. 17), "제헌절 제76주년 축사".

1990년 통일대업을 달성한 독일은 통일 후 능동적으로 국가통합을 달성하기 위하여 30회 이상 헌법개정을 단행했다. 이 모든 개헌은 양원합동회의를 통한 개헌이었다. 우리나라도 이제 새 헌법에서는 국회 재적의원 4분의 3 이상의 찬성으로 개헌이 가능하도록 해야 한다.

21세기에 적응하는 헌법규범의 정비:
민주화·세계화·지방화·정보화

이제 산업화와 민주화를 동시에 달성하는 과정에서 배태된 헌법상 문제점을 정리하고 더 나아가 21세기의 화두인 세계화·지방화·정보화에 부응할 수 있는 헌법체제를 마련해야 한다.[7] 특히 제4차 산업혁명 시대에 급속하게 변모하는 인공지능 시대에 능동적으로 대응해야 한다.[8]

---

7 현행 외국 헌법에 관한 자료로는 국회도서관(2018), 《세계의 헌법》(제3판); 국회헌법연구자문위원회 편(2009), 《세계각국헌법》; 김철수 편(2014), 《세계비교헌법》, 박영사 참조.

8 성낙인(2024), "AI 시대에 직면한 사회변동과 법적 과제", 〈4차 산업혁명 법과 정책〉, 7호, 4차산업혁명융합법학회, 3~31쪽.

체계 완결성을 담보하고
헌법의 흠결을 보정하는 헌법

첫째, 대법원이 위헌법률심사권을 가지고 있던 제3공화국 헌법 시절에 대법원이 1971년에 위헌판결(대법원 1971. 6. 22. 선고 70다1010)을 내린 〈국가배상법〉 제2조 제1항 단서 조항을 1972년 유신헌법에서 헌법규범으로 만든 이후 제5공화국 헌법을 거쳐 현행헌법까지 그대로 유지하고 있다.[9]

둘째, 대통령 임기 만료에 따른 후임자 선거와 대통령 유고에 따른 후임자 선거 규정이 상이하여 헌법규범 상호 간에 부정합의 문제가 발생한다.[10]

셋째, 대통령 선거 기간 중에 유력한 후보의 유고가 발생한 경우에 대비한 규정이 없다. 실제로 1956년·1960년 대통령 선거에서 민주당의 신익희·조병옥 후보가 선거 기간 중에 사망함으로써 대통령 선거가 왜곡되었다. 그럼에도 헌법과 〈공직선거법〉에 명시적인 규정이 없다는 것은 중대한 헌법적 공백이다.[11]

---

9   헌재 1995. 12. 28. 95헌바3, 〈국가배상법〉 제2조 제1항 등 위헌소원(합헌, 각하).
10 성낙인(2025), 《헌법학》(제25판), 566쪽 참조.
11 프랑스 헌법에서는 이에 관한 명문의 규정을 두고 있다. 성낙인(2007), "대통령 유고의 헌법문제: 한국과 프랑스를 중심으로", 〈헌법학 연구〉, 13집 3호, 한국헌법학회, 참조.

넷째, 헌법 제84조 "대통령은 내란 또는 외환의 죄를 범한 경우를 제외하고는 재직 중 형사상의 소추를 받지 아니한다"는 대통령에 부여한 형사상 특권에 대한 해석 논쟁을 헌법개정으로 해소해야 한다. 즉, 이와 관련하여 논쟁적인 취임 이전에 제기된 모든 재판은 재임 중에는 일단 중지되어야 한다는 점을 프랑스 헌법과 같이 헌법에 명시해야 한다.[12]

---

12 성낙인(2025), 《헌법학》(제25판), 571쪽; 성낙인(2025. 5. 8), "성낙인의 헌법정치: 판결 끝, 이제 표결", 〈아주경제〉, 22쪽 참조.

대통령 중심의 정부형태를 유지하는 권력구조의 온건한 개헌

현실 진단에 기초한 권력분립과 정부형태 선택

정부형태와 권력구조의 형성과 작동에 정답은 없다. 따라서 주어진 헌법규범과 헌법현실에 기반하여 무엇이 가장 바람직한 헌법상 권력구조가 되어야 할 것인가의 논의가 그 출발점이어야 한다. 바로 그런 점에서 현행 제도가 정상적으로 작동하지 못한다면 제도 변경이 불가피하다.

헌법규범을 중심으로 본 정부형태 구별론

헌법상 정부형태에 관한 논의는 대체로 순수한 미국식 대통령제, 순수한 의원내각제, 절충형(권력분산형) 이원정부제로 나누어 볼 수 있다. 하지만 이는 어디까지나 헌법규범상 으로만 들여다볼 경우에 그러하다. 헌법현실은 상이할 수 있다는 점도 고려해야 한다. 동시에 자유민주주의적인 정부형태가 비정상적으로 작동하는 경우는 별개의 문제라는 점을 인식해야 한다.

우선 헌법규범을 중심으로 대통령제와 의원내각제라는 양극단의 제도를 8등분하여 도식화하면 〈그림 5-1〉과 같다.[13]

첫째, 8분의 6 이상이 대통령제의 요소를 가질 경우 대통령제로 봐도 무방하다. 따라서 헌법규범이 일부 의원내각제적 요소를 갖고 있더라도 이를 의원내각제나 이원정부제로 운영하기는 어렵다.

둘째, 마찬가지로 8분의 6 이상이 의원내각제의 요소를 가질 경우에는 의원내각제로 보아도 무방하다. 따라서 헌법규범이 일부 대통령제적 요소를 가지고 있더라도 이를 대통령제나 이원정부제로 운영하기는 어렵다.

---

13 성낙인(2025), 《헌법학》(제25판), 법문사, 377쪽; 성낙인(2009), "이원정부제(半대통령제)의 구체화를 통한 권력분점의 구현", 〈공법연구〉, 38권 1호, 한국공법학회, 269~297쪽 참조; 이 도표는 저자가 다음 논문에서 처음으로 제시했다. 성낙인(1998), "韓國憲法과 二元政府制(半大統領制)", 〈헌법학 연구〉 5권 1호, 한국헌법학회.

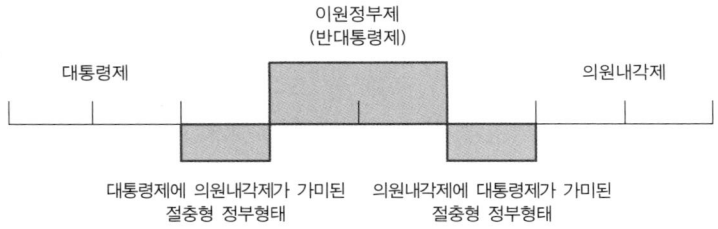

그림 5-1 헌법규범으로 구별한 5가지 정부형태

출처: 성낙인(1998).

셋째, 8분의 5 이상 8분의 6 이하가 대통령제의 요소를 가질 경우에는 이를 단순히 대통령제로 보기는 어렵기 때문에 대통령제에 의원내각제의 요소가 가미된 절충형 정부형태로 본다. 이 경우 대통령제나 이원정부제로 운영될 수도 있다.

넷째, 8분의 5 이상 8분의 6 이하가 의원내각제의 요소를 가질 경우에는 의원내각제에 대통령제의 요소가 가미된 절충형 정부형태로 볼 수 있다. 이 경우 의원내각제나 이원정부제로 운영될 수도 있다.

다섯째, 8분의 3 이상 8분의 5 이하가 대통령제의 요소를 가지거나 반대로 8분의 3 이상 8분의 5 이하가 의원내각제의 요소를 가진 정부형태는, 이를 대통령제에 의원내각제의 요소가 가미된 절충형 정부형태 또는 의원내각제에 대통령제가 가미된 절충형 정부형태로 명명하기는 어렵기 때문에, 이를 제3의 독자적인 정부형태인 이원정부제로 분류해야 한다. 이런 헌법규범에서는 항시 이원정부제적 헌법현실이 전개될 가능성이 열려 있다.

이에 따라 전형적인 대통령제적 요소인 대통령의 사실상 직선과 전형적인 의원내각제적 요소인 의회의 대정부불신임권을 공유하는 헌법체제를 절충형 정부형태로 지칭한다. 이 경우에 집행권은 명실상부하게 이원화, 즉 양두화兩頭化된다. 이 점에서 이는 역사적으로 군주주권에서 국민주권(의회주권)으로 발전하는 과정에서 집행권을 왕과 의회의 신임에 기초한 정부가 양분한 이원적 의원내각제의 현대적 부활을 의미한다.[14] 하지만 오늘날 국민주권주의 시대에 왕이 실질적 권한을 가질 수 없기 때문에 국가원수로서 왕이 아닌 국민 직선의 대통령이 의회의 신임에 기초한 정부와 권한을 나누어 가진다는 점에서 반대통령제 semi-presidentialisme라고도 한다.[15]

이원정부제는 그 이상적인 성격에도 불구하고 집행권 내부에서 대통령과 내각의 권한배분 문제가 그리 간단하지 않기 때문에 언제나 논쟁적이다. 프랑스에서도 대통령과 의회의 신임을 받는 내각의 불일치에 의한 동거정부 gouvernement de la cohabitation 출현

---

[14] 프랑스에서도 반대통령제 régime semi-présidentiel (Maurice Duverger, Benoît Jeanneau) 이외에 반의회제 régime semi-parlementaire, 혼합정체 régime mixte (Pierre Pactet, Marcel Prélot, Charles Cadout), 이원적 의원내각제 régime parlementariste dualiste (Claude Leclercq) 등으로 불린다.

[15] 성낙인(2025), 《헌법학》(제25판), 387쪽 참조.

에 따른 어려운 문제를 해결해 보려는 노력의 일환으로 대통령과 의회의 임기를 5년으로 통일시킨 바 있다. 하지만 이 경우에도 대통령이 의회해산권을 갖기 때문에 여전히 불일치가 문제된다. 실제로 2024년 6월 대통령이 의회해산권을 발동한 바 있다.

한국에서는 그간 1980년 전두환 군부가 도입하려 했다는 의혹이 제기된 이른바 '이원집정부제'에 대한 혐오로 인해 이원정부제가 왜곡된 권위주의적 정부형태로 오도되고 있다. 하지만 이원정부제는 국가원수가 왕이 아니라 대통령이며, 과거 왕과 의회가 권력을 분점하던 이원적 의원내각제의 현대적 재현이라는 점에서 반대통령제라고도 부른다.

현실적으로 이원정부제의 작동은 그리 쉬운 일이 아니다. 나라마다 그들 특유의 국가적 상황에 능동적으로 대응할 때에 비로소 이원정부제가 빛을 발할 수 있다. 대통령과 국회 다수파가 일치할 경우에는 미국 대통령제 못지않은 강력한 대통령제가 된다. 하지만 여소야대가 된다면 대통령과 내각은 불일치하면서 갈등이 반복되는 구조를 초래한다.

그렇기에 프랑스에서는 1958년 드골 대통령이 '위대한 프랑스'를 기치로 강력한 정부를 구축하기 위해 1962년 대통령직선제를 도입했다. 하지만 동일 헌법에서 미테랑과 시라크 대통령을 거치면서 대두된 동거정부는 이원정부제의 현실적 작동에서 어려움을 겪었다.

그림 5-2 프랑스 제5공화국에서 헌법현실의 상호관계

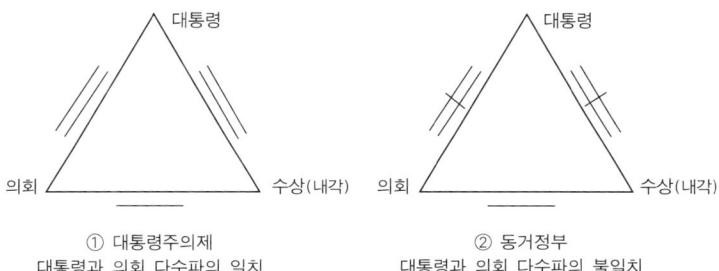

① 대통령주의제
대통령과 의회 다수파의 일치

② 동거정부
대통령과 의회 다수파의 불일치

핀란드는 제정러시아의 식민 지배를 거치면서 일찍이 외교·국방은 대통령의 고유 권한으로 정하고 내정은 내각이 책임진다. 다른 한편 오스트리아는 이원정부제이지만, 직선 대통령이 사실상 의원내각제의 국가원수와 같이 상징적 지위에 머물면서 실제로는 의원내각제와 비슷한 형태로 작동한다.

이원정부제에서 대통령·의회·정부의 삼각 구도를 도식화하면 〈그림 5-2〉와 같다.

현행헌법상 대통령과 국회의 관계

물론 헌법을 보는 시각을 재정립한다면 굳이 헌법을 개정하지 않더라도 새로운 권력분점의 실현이 얼마든지 가능할 것이다.[16] 이와 관련하여 두 개의 국민적 정당성의 축이 병존하는 현행헌법 아래에서 구현된 정치제도의 양상을 분석하면 다음과 같다.

① 단일 정당으로 형성된 국회 다수파의 지지를 받는 대통령우월적 대통령주의제: 김영삼 대통령 집권기(1993. 2~1998. 2), 노무현 대통령 집권 후기(2004. 4~2008. 2), 이명박 대통령 집권기·박근혜 대통령 집권 후기(2008. 2~2016. 4), 문재인 대통령 집권 후기(2020. 5~2022. 5).

② 단일 정당으로 형성된 국회 다수파의 지지를 받지만 집권당 내부에서 끊임없는 견제를 받는 대통령제: 노태우 대통령 집권 후기(1990. 1~1993. 2).

③ 이질적 양당으로 형성된 국회 다수파의 지지를 받지만 연립정부에 준하는 공동정부의 대통령우월적 이원정부제: 김대중 대통령 집권 전기(1998. 2~2000. 4).

④ 대통령 재임 중 야당이 국회 다수파지만 복수의 이질적 야당, 대통령과 국회 다수파 간의 비타협적 갈등 심화: 노태우 대통령 집

---

16 성낙인(2025),《헌법학》(제25판), 법문사, 397쪽 이하 참조.

권 초기(1988. 2~1989. 12), 김대중 대통령 집권 후기(2000. 4~2003. 2), 노무현 대통령 집권 초기(2003. 2~2004. 4), 박근혜 대통령 집권 후기(2016. 4~2017. 3), 문재인 대통령 집권 전기(2017. 5~2020. 4).

⑤ 대통령 취임하기 전부터 단일 야당이 국회 다수파, 대통령과 국회 다수파 간의 비타협적 갈등 속에 대통령이 정치적으로 주도: 윤석열 대통령 집권 전기(2022. 5~2024. 4).

⑥ 대통령 재임 중 단일 야당의 승리에 따른 대통령과 국회 다수파의 불일치, 대통령과 국회 다수파 간 비타협적 갈등의 현실화에 따른 권력분점의 실패: 윤석열 대통령 집권 후기(2024. 4~2025. 4).

위의 여섯 번째는 그동안 가설로 남아 있었다. 하지만 2024년 4월 10일 총선에서 더불어민주당의 압도적인 승리에 따라서 이제 현행헌법 아래에서 현실화될 수 있는 모든 모델이 작동하고 있다.[17]

저자가 87년 체제에서 가능한 6개 모델[18]에서 마지막 가설로 남겨 두었던 대통령 재임 중 단일 야당이 국회 다수파를 장악하

---

17 성낙인(2024), "제21대 국회의 입법과 제22대 국회의 비전", 〈세계헌법연구〉, 30권 3호, 세계헌법학회 한국지부, 1~24쪽.
18 성낙인(2024), 《헌법학》(제24판), 법문사.

는 모델이 2024년 총선거에서 처음으로 현실화되었다. 권력분점이 필요한 상황이었다. 하지만 대통령은 야당을 인정하려 하지 않았다. 결국 여소야대 정국에서 윤석열 대통령의 비상계엄 선포로 정국은 파탄에 이르고 말았다.[19]

---

19 윤석열 대통령은 2025년 4월 4일 헌법재판소의 탄핵심판 인용 결정에 따라 파면되었다(헌재 2025. 4. 4, 2024헌나8, 대통령 윤석열 탄핵심판, 인용(파면)). 이에 따라 2025년 6월 3일 대통령 선거가 실시된다.

여소야대에 따른 극단적 양극화
윤석열 정부와 제21대 · 제22대 국회

5년 단임 대통령의 불행

5년 단임으로 대통령의 장기집권에 따른 폐해가 사라진 자리에서 민주화 이후의 민주주의는 여전히 퇴행을 거듭한다. 그사이 3명의 대통령은 교도소에 수감되었다. 1명은 수사 과정에서 자진했다. 3명은 현대판 고려장인 탄핵에 내몰렸다.

헌정사상 예외적 상황이 현실화된 2024년

대통령직 교체 속에 인적 교체의 미완성과 갈등

우선 사법부, 즉 대법원을 비롯한 각급법원과 헌법재판소의 인적 구성은 정권교체와 무관하게 작동한다.[20] 물론 국회의 인적 구성도 불변이다. 과거에는 새 대통령 취임 후 여소야대를 인위적인 여대야소로 바꾸는 정치적 놀이를 단행한 바 있지만 근래에는 이와 같은 현상을 찾아볼 수 없다. 그런 점에서 민주화 이후에 내적 민주주의를 쌓아가고 있다는 점에서 긍정적으로 평가할 수 있다. 하지만, 대통령을 둘러싼 세력들은 이를 받아들이지 못하여 갈등이 증폭된다.

미국에서는 '플럼북 Plum Book'[21] 같은 제도가 있다. 특히 윤석열 정부에서 한국방송공사 KBS 이사진과 문화방송 MBC의 방송문화진흥회 이사진 임용과 관련된 분란은 방송통신위원장의 탄핵을 앞두고 2명이 사퇴한 끝에 1명은 결국 취임 2일 만에 탄핵소추되었다가 헌법재판소의 기각결정으로 직무에 복귀했다.[22]

---

[20] 다만 김영삼 대통령은 1979년 '신민당 김영삼 총재 직무집행 정지 가처분 신청' 사건의 인용 결정 당시 서울민사지방법원장이던 김덕주 원장이 대법원장에 재임하고 있다는 사실을 알고 대통령 취임 후 접견을 거부했다. 결국 대법원장은 스스로 사임한 바 있다.

[21] 미국 대통령이 지명할 수 있는 연방정부 관직을 열거한 리스트를 의미한다. 보통 정권이 바뀌면서 새로 들어설 사람들의 명단 목록을 그렇게 부른다. 정식 명칭은 '미국 정부 정책 및 지원 직책 The United States Government Policy and Supporting Positions'이다. 2016년 대선 직후 발간된 플럼북에서는 미국 대통령이 임명할 수 있는 연방정부 정무직이 7,000여 개에 달했다〔손지아·이진수(2022), "고위직 공무원의 임면에 관한 구체적 입법의 필요성: 미국의 플럼북 논의를 중심으로", 〈행정법연구〉, 68호, 행정법이론실무학회, 245~269쪽〕.

[22] 이 과정에서 방송통신위원회가 국회 추천 위원이 공석으로 되어 5인 완전체가 아니라 2인체제로 운영되면서 이의 헌법과 법률 위반 여부가 쟁점으로 부각되었다. 서울행정법원과 서울남부지방법원의 가처분 기각과 인용 결정이 교차하

예외적으로 발동돼야 할 탄핵소추로 직무정지된 최고위 공직

한국 헌정사에서 탄핵은 제도 자체는 존재했지만 현실적으로 그다지 작동하지 않았었다. 하지만 정권교체와 더불어 여야 간 정쟁이 치열해지는 과정에서 여소야대와 더불어 탄핵제도가 작동하기 시작했다. 특히 대통령에 대한 탄핵은 정국 자체를 혼돈으로 몰고 갔다. 2004년 노무현 대통령 탄핵을 시작으로 2017년 박근혜 대통령 탄핵 등이 그러하다.

대통령에 대한 탄핵제도의 모국인 미국에서 건국 이래 단 한 번도 대통령이 탄핵되지 않았다는 점은 그만큼 탄핵이 가져올 정치제도의 혼돈을 우려한 결과일 수도 있다.[23] 그런데 미국에서는 대통령이 탄핵으로 궐위되더라도 부통령이 승계하기 때문에 한국과 같이 새로운 대통령 선거로 연결되지 않는다. 이 점에서 탄핵으로 인한 정치제도의 충격이 훨씬 덜할 수 있다.

그간 2022년 윤석열 정부 출범 이후 31차례에 걸쳐 국회에서 탄핵소추가 발의되었다. 이는 1948년 대한민국 출범 이후 전체 탄핵소추 사안을 훌쩍 뛰어넘는 숫자에 해당된다.

기도 했다. 헌법재판소는 4 대 4로 이진숙 방송통신위원장에 대한 탄핵을 기각함으로써 사실상 2인 체제의 적법성을 인정한다(헌재 2025.1.23. 선고 2024헌나1 결정, 방송통신위원회 위원장(이진숙) 탄핵(기각)).

23 미국의 닉슨 대통령이 1972년 워터게이트 사건으로 하원에서 탄핵소추되어 상원의 탄핵심판이 제기된 상태에서 1974년 대통령직을 스스로 사임한 바 있다.

여소야대 국회에서 휴지화된 국무총리·국무위원 해임건의권

국무총리·국무위원 해임건의권 제도는 장관에 대한 형사 책임 대신 정치적 책임을 추궁하기 위한 제도로서 초기에는 장관 개개인에 대한 개별적인 정치적 책임으로 나아갔다. 하지만 일원적 의원내각제가 정립되면서 장관 개인에 대한 정치적 책임은 사라지고 내각에 대한 집단적·연대적 책임으로 정립되어 오늘에 이른다.

그런 점에서 우리나라 헌법의 국무총리·국무위원 해임건의권 제도에 대하여 저자는 이를 최대한 존중하여 의회의 내각불신임에 준하는 제도로 작동되어야 한다고 주장해 왔다. 실제로 국회가 국무위원 해임건의를 하면 대부분 수용되었다.[24] 하지만, 민주화 이후 정권교체와 더불어 국무총리·국무위원 해임건의권의 발동이 촉발됨과 동시에 대통령은 이를 수용하지 않는 상황에 이르렀다.[25] 이는 정치 양극화와 여소야대 국회가 얽힌 결과물이라 할 수 있다.

---

24 박정희 대통령 시절에 3K 라인에 의한 국무위원 오치성 내무부 장관 해임건의권이 국회에서 의결되자 박정희 대통령은 이를 수용함과 동시에 3K 라인에 대한 정치적 숙청을 단행했다.
25 2023년에는 역사상 최초로 한덕수 국무총리에 대한 해임건의안이 국회에서 통과되었지만, 대통령은 이를 수용하지 않았다.

법률안재의요구권을 통한 대통령과 국회의 충돌

국회의 본원적 권한인 입법권에 대한 정부의 통제권은 법률안재의요구권, 즉 대통령의 법률안거부권이다.[26] 이 또한 여소야대 국회에서 이제는 대통령이 국회입법권에 대해 휘두르는 전가의 보도로 작동한다.[27]

이 과정에서 국회입법권은 무력화되고, 대통령은 집행권의 수장보다는 국회입법권을 통제하는 기관으로 전락한다. 이는 더 이상 피할 곳이 없는 막다른 골목으로 향하는 정국의 한계 상황을 여실히 보여 준다.

---

26 정철(2019), "법률안거부권의 헌법적 의의", 〈세계헌법연구〉, 25권 2호, 세계헌법학회 한국지부; 홍석한(2019), "대통령의 법률안 거부권에 대한 고찰", 〈미국헌법연구〉, 30권 1호, 미국헌법학회; 이준일(2023), "대통령거부권의 헌법적 한계", 〈세계헌법연구〉, 29권 3호, 세계헌법학회 한국지부.

27 1948년 정부 수립 이후 2024년 5월 29일까지 법률안에 대해 재의요구가 행사된 사례는 총 88건이다. 제22대 국회 개원 이래 2025년 1월 말까지 무려 22건의 재의요구권이 행사되었다. 특히 김건희 여사 특검법은 네 차례 거부되었다. 고건 권한대행이 2건, 한덕수 권한대행은 6건, 최상목 권한대행은 7건의 재의요구권을 행사했다.

국회의 예산통제권으로 무력화된 정부

예산은 편성 그 자체부터 정부의 권한으로 인식된다. 그런 점에서 국회의 일방적인 예산증액권은 원칙적으로 인정하지 않는다. 이 과정에서 제22대 국회에서 2024년 12월에 일방적으로 치명적인 삭감을 통한 예산안을 통과시켰다. 정부가 추구하고자 하는 핵심 정책은 예산의 뒷받침으로 구현된다. 그런데 그 핵심 예산이 대폭 삭감되었다는 점에서 절름발이 정부를 예산으로 구축한 셈이다.

양극화 극복과 책임정치를 위한 제7공화국 헌법의 모습

헌정 70년에 기초한 현행헌법의 온건한 개혁

전직 국회의원들의 법정단체인 대한민국헌정회에서 정대철 회장이 직접 헌법개정위원회의 책임을 맡아 마련한 개헌안은 분권형 대통령중심제를 모토로 삼는다.[28] 그런데 그 내용을 자세히 들여다보면 실질적으로는 이원정부제와 매우 유사하다. 즉, 이원정부제 또는 반대통령제의 핵심적 요소는 ① 대통령직선제와 ② 의회의 대정부불신임권이기 때문이다.[29]

---

28 정대철(2024. 7. 17), "헌정회장 제헌절 제76주년 축사".
29 뒤베르제는 1978년에 간행된 저서에서 반대통령제에 관한 다양한 모델을 정형화했으며, 1980년에 발표된 논문에서 이를 종합하여 정리한 바 있다. 1983년에 개최된 국제학술대회에서는 반대통령제에 관해 정치헌법학자들의 논문 발표 및 각국의 전·현직 수상을 비롯한 정치 지도자들의 토론에 참여했으며, 그 내용을 출간했다. 이에 프랑스의 대표적 일간지인 〈르몽드 Le Monde〉는 1981년 이래 이

분권분산적 대통령제: 대통령 4년 중임제

국가원수이자 행정부 수장으로서의 대통령

국민으로부터 직선된 대통령은 국민적 정당성의 핵심적 축이다. 87년 헌법체제에서 여덟 번째 대통령이 재임하면서 1인 장기집권에 대한 우려도 불식되었다. 무엇보다 5년 단임제는 외국의 헌법에서도 그 예를 찾기 어렵다. 프랑스에서는 2000년 헌법개정으로 종래 대통령 임기 7년을 5년으로 단축하여 하원인 국민의회 의원 임기와 맞추었다. 미국은 대통령 임기가 4년 중임, 하원의원 임기는 2년, 상원의원 임기가 6년이다. 대통령 유고·권한대행·후임자 선거에 관해서는 현행헌법의 흠결을 보완해야 한다.[30]

용례를 수용한다. Maurice Duverger(1978), *Echec au roi*, A. Michel, p.250; Maurice Duverger(1980), "A new political system model: semi-presidential government", *European Journal of Political Research*, pp.168~183; Maurice Duverger(sous la direction de)(1986), *Les régimes semi-présidentiels*, PUF, p.367.

30 성낙인(2008), "대통령 유고·권한대행·후임자 선거", 〈헌법학 연구〉, 13집 3호, 한국헌법학회 참조. 프랑스 헌법에서는 정부의 요청에 따라 헌법재판소가 최종적으로 대통령직의 장애를 선언한다(헌법 제7조).

대통령과 국무총리 중심의 내각과 정부 권한 공유

대통령은 국가원수로서의 전통적 지위와 권한을 향유해야 한다. 일상적 행정권은 국무총리를 중심으로 하는 내각이 장악하는 것이 바람직하다. 대통령과 내각의 권력분점 여하에 따라 또 다른 정국 불안을 야기할 소지가 있다는 우려를 고려하여 대통령의 실질적 권한을 최소화해야 한다. 프랑스와 핀란드에서 제기된 바 있는 유보영역 이론에 따라 외교·국방·통일 문제에 관한 한 대통령이 실질적 권한을 가진다면 대통령과 국회 다수파가 불일치할 경우에 대통령과 내각의 권한 다툼이 불가피하다.[31] 일상적인 국내 정치와 관련된 행정권의 실질적 책임과 권한은 국무총리에게 부여하는 것이 바람직하다.

   대통령에게 국회해산권을 부여하는 것도 여전히 논란이 된다. 우선 대통령에게 의회해산권을 부여하는 경우에 실질적 권한이냐, 형식적 권한이냐는 문제가 제기된다. 의원내각제 헌법에서

---

31 프랑스 제5공화국에서도 자크 샤방델마스 등에 의해 '유보영역 이론'이 개진된 바 있다. 유보영역 이론은 특히 동거정부에서 더욱 분명히 그 실체를 드러내는데, 적어도 외교, 국방, EU 문제에 관한 한 대통령이 직접 간여하는 것이다. 특히 아무리 동거정부라고 해도 외무부 장관과 국방부 장관은 대통령이 적극적으로 반대하지 않는 인사를 임명한다. 그러나 갈등관계는 여전히 존재한다는 데에 유보영역 이론의 한계가 있다. 핀란드에서도 외교, 국방 등에 관한 사항은 대통령이 중요한 결정권을 가진다.

도 형식적으로는 국가원수인 대통령에게 의회해산권을 부여하기 때문이다.32 그러나 이원정부제에서 대통령의 의회해산권은 명실상부한 대통령의 고유 권한으로서의 의회해산권이어야 한다. 정부만 의회해산권을 가질 경우에 그것은 의원내각제적인 제도 운영을 초래할 것이기 때문이다. 대통령의 의회해산권이 정치제도의 균형추로서의 역할을 한다고 평가할 수 있다.

일상적 국정은 국회 신임에 기초한 국무총리(내각)를 중심으로

국무총리는 민의원의 동의를 얻어 대통령이 임명한다. 그런 점에서 국무총리는 대통령과 국회의 이중 신임에 기초하여 존재하는 것이 명확하다.

국무총리를 중심으로 하는 내각은 국회 다수파가 구성한다. 내각은 국회로부터 불신임의결을 받을 경우 사직한다. 그러나 내각 불신임권의 남용을 막기 위해 후임 총리를 선출한 이후에만 불신임권을 발동할 수 있는 독일식 건설적 불신임 투표제를 도

---

32 1870년 프랑스 제3공화국이 출범한 이후 2대 대통령에 취임한 마크 마옹 대통령은 의회와의 갈등 속에 1877년 의회를 해산했다. 그러나 새로 구성된 의회도 여전히 대통령에 적대적인 다수파를 형성했다. 결국 그는 대통령은 사임했고, 이로부터 대통령의 의회해산권은 명목상의 권한이고 내각의 장인 수상이 실질적인 의회해산권을 갖는 관습헌법이 정립되었다. 이로써 프랑스의 고전적 의원내각제 모델이 정립되었다.

입해야 한다. 건설적 불신임투표제가 도입되면 곧 종래 헌법규범상 국무총리는 국회 동의를 얻어 임명됨에도 불구하고 헌정의 실제상 대통령의 고유 권한으로 작동하던 국무총리임명권은 국회가 실질적인 권한을 갖게 되고 대통령의 권한은 의회 다수파의 구성 여하에 따라 달라지게 된다.

국회 구성에서 양원제와 전면적 비례대표제 도입

단원제에서 양원제로: 도입이 필수적이지만 장기과제로 남겨야

의회의 구성 원리로서 양원제와 단원제는 각 국가가 처한 역사적·정치적·사회적 성격을 반영한다. 따라서 일의적으로 양원제와 단원제의 장점과 단점을 평가하기는 어렵다.

자유민주주의의 오랜 역사적 전통을 가진 영국·미국·프랑스·독일 등에서 비록 그 내부적 특징이나 모델이 상이하더라도 양원제를 채택하는 것은 시사하는 바가 크다. 상원은 단원제 의회의 지나친 급진주의적 획일성을 제어하기 위해 숙고 기관으로서 존재 가치를 찾을 수 있다. 이에 대해 부아시 당글라 Boissy d'Anglas 는 《프랑스 헌법사》에서 "상원이 공화국의 이성理性, raison이라면, 하원은 공화국의 상상력想像力, imagination"이라고 표현했다.

이 말은 양원제를 통하여 상원의 보수적 성격과 하원의 진보적 성격이 서로 조화를 이룰 수 있음을 의미한다.

국회 구성 개혁을 위한 선거제도의 개혁

정부형태와 선거제도는 밀접하게 연계된다. 일찍이 뒤베르제가 《정당론》[33]에서 제시한 '뒤베르제의 법칙 loi de Duverger'[34]은 선거제도에 따른 헌정체제와 정당제도의 상호관계를 단적으로 표현한다. ① 일회제 다수대표제는 양당제적 경향을, ② 비례대표제는 상호 독립적인 다당제적 경향을, ③ 이회제 다수대표제는 정당 간 연립에 의해 절제된 다당제 경향을 가진다.

비례대표제적 이상과 다수대표제적 현실의 조화는 하나의 유토피아에 불과할 수도 있다. 이에 선거제도로서 대표의 결정 방식은 각국이 처한 특유의 역사적·정치적 상황을 고려한 선택의 문제로 돌아간다.

제21대 국회에서 도입한 준연동형비례대표제는 선거제도 자체

---

33 Maurice Duverger(1951/1971), *Les partis politiques*, A. Colin, 1re éd., 10e éd., Le Seuil.
34 William H(1988), Riker, "The Two-Party System and Duverger's Law: An Essay on the History of Political Science", In *Mélanges Duverger*, Paris: PUF, pp.405~423.

를 형해화하고 웃음거리로 전락시켰다. 인구절벽과 농어촌 이탈에 따라 지방소멸 현상이 겹치면서 4~5개 시·군에서 1명의 국회의원이 배출된 반면에 대도시에서는 아파트를 형성하는 1개 동에서 1명의 국회의원이 배출되었다.

다른 한편 지방자치의 활성화에 따라 지역구 국회의원의 역할은 줄어들 수밖에 없다. 국회의원은 이제 지역구 사업을 지방의원에게 맡기고 국가적 업무에 전념해야 한다. 그렇다면 이제 지역구 국회의원 선거제도는 한계에 이르렀다고 보아야 한다. 이에 따라 국회의원 선거제도에 전면적으로 비례대표제를 도입하여 권역별 비례대표제를 시행해야 한다. 이 경우 현재와 같은 분할적인 광역시·도를 예전의 모습으로 광역화하고 그에 따라 비례대표 국회의원을 선출하면 된다. 이렇게 될 경우 200명 이하의 국회의원으로 전면적 비례대표제 시행이 가능하다. 저자는 종래 국회의원을 300명 이하로 줄이고, 지역구와 비례대표 비율을 200 대 100 또는 150 대 150으로 조정해야 한다고 주장한 바 있다. 그러나 이제 인구편차 2 대 1을 맞추기 위한 변칙적인 지역구 분할도 한계에 이르렀다고 본다.

국정 안정을 위한 조치

의회권력 남용의 온상인 국정감사의 폐지

과거 권위주의 시절에 국정감사는 국정의 비리를 들추고 정권을 견제하는 최대 무기였다. 그러나 국정이 투명하고 무엇보다 평화적 정권교체가 일상화된 상황에서 매년 정기적으로 실시되는 국정감사는 국정의 불안정만 조장하고 국정 마비를 초래한다는 비판을 받고 있다.

무엇보다 국정감사, 즉 매년 정기국회에서 국정 전반에 걸쳐서 행해지는 국정감사 제도는 우리가 아는 그 어느 나라에서도 존재하지 않는 한국 특유의 제도라는 점을 유념해야 한다. 따라서 차제에 국정감사 제도는 폐지하는 것이 자유민주주의 국가의 보편적 제도와 궤를 같이한다.

탄핵과 같은 예외적·비상적 권한의 신중한 발동

예외적·비상적 권한인 탄핵소추는 신중한 발동이 요망된다. 탄핵소추 시 직무정지 규정 삭제 여부는 추후 검토가 필요하다는 입장이다. 이 점은 헌법학자들 사이에도 논쟁이 있다. 앞으로 긴 논의가 필요한 사안이다. 다만, 탄핵소추 대상자는 축소가 불가피해 보인다. 그간 헌법의 문언에 그치는 제도였던 탄핵소추가 일상화된 시대에 접어든 시점에서 본다면 탄핵소추 대상자에 대한 전면적 재검토가 필요해 보인다.

민주적 정당성이 취약한 사법부의 자기성찰

비상계엄과 탄핵 정국에서 사법부의 역할과 기능의 중요성이 확인되었다. 동시에 경찰, 검찰, 공수처, 법원, 헌법재판소의 공정성에 대한 의구심도 증폭되었다.

대통령을 비롯한 주요 인사들이 연루된 것으로 인식되는 비상계엄 사태 관계자들에 대한 내란혐의 수사와 관련 수사기관 및 법원의 혼란상은 이들 사법기관과 준사법기관에 대한 근본적인 재검토를 요한다.

대통령을 비롯한 비상계엄에 따른 내란죄 수사는 현행법상 검찰도 공수처도 아닌 경찰이 하는 것이 맞다. 더구나 공수처가 대통령에 대한 영장 청구를 서울중앙지법이 아닌 서울서부지법에 신청한 것은 위법은 아니더라도 원칙에 어긋난다. 어려운 때일수록 원칙에 충실해야 한다. 차제에 국민들의 형사사법체계에 대한 혼란과 불신을 야기하는 '검수완박법'도 재정비해야 한다. 혼란만 야기하는 옥상옥의 수사기관인 공수처는 존폐 기로에 서 있다.

방송통신위원회의 2인 체제에 대하여 서울행정법원은 위법으로, 서울남부지법은 합법으로 결정했다. 국가기관의 정상적 작동이 멈춰 섰다. 같은 사안에서 전혀 다른 판단은 사법 불신을 자초한다.

지방자치의 활성화와 헌법

프랑스에서는 2003년 헌법개정을 통하여 헌법 제1조에 '지방분권'을 추가했다.[35] 그런 점에서 우리도 헌법개정 과정에서 어떤 형태로든 대한민국의 공화국 징표로서 지방분권적 공화국임을 상징적으로라도 천명할 필요가 있다.

지방자치에서 현행 광역자치단체는 더욱 초광역화가 필요하다. 이는 광역시·도가 분할되기 이전으로 되돌아가는 것이다. 이를테면 경남·부산·울산, 경북·대구, 전남·광주, 충남·대전·세종, 경기·인천과 같은 광역자치단체는 그 옛날의 광역단체로 통폐합하여 명실상부하게 지방분권적 자치단체로 새롭게 자리매김할 필요가 있다. 인구절벽 시대에 인구는 감소하는데 자치단체만 세분하는 것은 바람직하지 않다.

---

[35] 성낙인(2025. 2. 5), "프랑스의 2003년 개헌과 지방분권", 지방시대위원회 기조 발제문.

제7공화국
대통령과 국회가 함께 책임지는 헌법체제

액턴 경은 "권력은 부패하는 경향이 있고 절대 권력은 절대 부패한다 Power tends to corrupt and absolute power corrupts absolutely"라고 했다. 몽테스키외는 "권력을 가진 자는 항상 그 권력을 남용하려 한다"라는 명제에 따라 권력분립을 통한 견제와 균형 checks and balances을 역설했다. 권력의 세계에서 '나눔의 미학'을 실천하기란 참으로 어려운 일이다.

그럼에도 불구하고 대통령직선제를 고수하는 한 대통령의 선의 bona fides가 가장 중요한 덕목이다. 국민들도 두 눈 부릅뜨고 현자賢者를 선택해야 한다. 차기 대통령의 덕목은 무엇보다 자기절제를 실천할 수 있는 지도자로서 정치적 이해관계에 매몰된 정객이 아니라 국리민복을 구현할 국가적 인물이어야 한다. 대통령은 국가의 미래를 설계하는 나라의 어른 statesman, homme d'État으로서 하루가 멀다 하고 벌어지는 여야 간의 정쟁으로부터 초연해야 한다. 이를 위해 대통령은 복잡다기한 국정의 일상으로부터 벗어나야 한다.

주권자의 선택은 그런 대통령을 모실 수 있는 권한이 아니라 그런 대통령을 모셔야 하는 책무다.

언론정보법

성낙인(전 서울대 총장) 지음

정보화 사회, 언론과 정보의 새로운 흐름을 조망하다!

정보화 사회의 급격한 발전으로 우리는 매스미디어로부터 정보를 수용할 뿐만 아니라 적극적으로 정보의 흐름에 개입하며 정보를 생산하고 통제하는 것까지 가능해졌다. 이처럼 언론의 문제와 정보의 문제가 함께 부상하고 있는 상황에서 이 책은 하나의 서설적 논의로서 언론법과 정보법을 종합적으로 검토했다. 법학 및 신문방송학, 언론정보학 전공자뿐만 아니라 정보화 사회를 살아가는 현대인 모두에게 필수적인 지침서이다.

신국판 | 782면 | 28,000원

공직선거법과 선거방송심의

성낙인(전 서울대 총장) 지음

민주주의 선거를 지키는 선거방송의 이론과 실제!

공직선거법은 민주주의 선거의 공정성과 정당성을 지키는 핵심 법률이다. 이 책은 공직선거법에 의거하여 선거방송 심의기구를 설치하고 운영하는 문제부터 선거방송 심의제도의 법적 발전 방향까지 폭넓게 모색한다. 복잡한 선고방송의 이론과 실제를 일목요연하게 정리한 해설서이자 실무 지침서로, 법조인, 행정가, 선거관리자뿐만 아니라 법학 전공자에게도 필수적인 참고서이다.

신국판 | 170면 | 8,000원

나남 031) 955-4601
www.nanam.net